FERMENTACIÓN para PRINCIPIANTES

FERMENTACIÓN para PRINCIPIANTES

*Guía paso a paso sobre la fermentación
y los alimentos probióticos*

DRAKES PRESS

edaf

www.edaf.net

MADRID - MÉXICO - BUENOS AIRES - SAN JUAN - SANTIAGO
2016

Título original: Fermentation for Beginners
© 2013, por Drakes Press, Berkeley, California

© De la traducción: M.ª Carmen Escudero Millán
© 2016. Editorial EDAF, S.L.U., por acuerdo con Callisto Media Inc. (Drakes Press Print),
   Berkeley, Carlifornia, USA

Diseño de cubierta: Marta Elzaurdía López, basada en la original de Drakes Press.

Editorial EDAF, S. L. U.
Jorge Juan, 68. 28009 Madrid
http://www.edaf.net
edaf@edaf.net

Algaba Ediciones, S. A. de C.V.
Calle, 21, Poniente 3323, Colonia Belisario Domínguez
Entre la 33 Sur y la 35 Sur
Puebla, 72180, México. Tfno.: 52 22 22 11 13 87
jaime.breton@edaf.com.mx

Edaf del Plata, S. A.
Chile, 2222
1227 - Buenos Aires, Argentina
edaf4@speedy.com.ar

Edaf Antillas/Forsa
Local 30, A2, Zona Portuaria Puerto Nuevo
San Juan, PR (00920)
(787) 707-1792
carlos@forsapr.com

Edaf Chile, S.A.
Coyancura, 2270, oficina 914, Providencia
Santiago - Chile
comercialedafchile@edafchile.cl

Mayo 2016

ISBN.: 978-84-414-3633-6
Depósito Legal: M-6158-2016

PRINTED IN SPAIN   IMPRESO EN ESPAÑA

IMPRESO POR COFÁS

Índice

PARTE UNO
Introducción a la fermentación

Introducción 13

Capítulo 1: Buenas razones para utilizar la fermentación.................... 15

Capítulo 2: Perspectiva general de la fermentación 23

Capítulo 3: Cómo actúa la fermentación 29

Capítulo 4: Nuestro propio laboratorio de fermentación en casa 35

PARTE DOS
Recetas

Capítulo 5: Verduras y hortalizas... 43

    Chucrut 45

    Curtido... 46

    Kimchi.. 47

    Zanahoria con ajo 48

    Cebollitas en conserva.. 49

    Remolacha en conserva.. 50

    Pimientos rojos en conserva 52

    Berenjena en conserva 54

    Jengibre en conserva 56

    Guarnición de maíz.. 57

    Pepinillos con ajo y eneldo 58

    Salsa mexicana «pico de gallo» con tomate 59

Capítulo 6: Frutas... 61

    Chutney de pera 62

    Chutney de piña picante 64

    Limones en conserva 66

    Mermelada de naranja amarga.. 67

Capítulo 7: Lácteos 69

    Crema fresca... 72

    Suero de mantequilla cultivado 73

Yogur griego 74

Mantequilla y suero de mantequilla cultivados 75

Kéfir... 76

Queso crema y suero de leche 77

Queso fresco (requesón) 78

Cuajo y cuajada.. 79

Capítulo 8: Legumbres 81

Tofu fermentado 83

Tempeh 84

Miso.. 86

Dosas (tortitas de lentejas) 88

Salsa (dip) de legumbres fermentadas 90

Capítulo 9: Pan de masa madre... 91

Iniciador de masa madre de centeno o trigo 93

Pan de masa madre de centeno.. 97

Baguettes de masa madre... 99

Tortitas de masa madre 101

Bollos de masa madre con suero de mantequilla.......................... 103

Capítulo 10: Carnes, pescados y huevos 105

Corned Beef 106

Huevos en salmuera... 108

Huevos en encurtido de remolacha... 109

Gravlax de salmón 110

Salsa de pescado fermentado 112

Arenques en salmuera 114

Capítulo 11: Vinagres.. 115

Vinagre de piña... 120

Vinagre de vino tinto.. 121

Shrub de moras 123

Capítulo 12: Bebidas alcohólicas y no alcohólicas 125

Probiótico de jengibre para refrescos... 127

Ginger Ale.. 128

Refresco de frutas 129

SCOBY y té iniciador para kombucha 131

Kombucha 133

Sidra de manzana o de pera 135

Kvass de remolacha 137

Hidromiel 138

Hidromiel de moras 140

Cerveza de raíz 142

Cerveza de base 144

Malta verde (cereal malteado) 146

Malta clara 147

Vino de base 148

Recursos 151

Glosario 153

Bibliografía 155

Índice temático 157

Índice de recetas 165

PARTE UNO

Introducción a la fermentación

Introducción

Durante mucho tiempo los humanos hemos apreciado, e incluso deseado con anhelo a menudo, los alimentos y bebidas fermentados. Sin la fermentación no dispondríamos de vino o de queso. Igualmente, careceríamos de productos como los embutidos, el jamón, la cerveza, el yogur o la masa madre del pan. Algunos alimentos fermentados tienen un sabor agrio o intenso, como el *kimchi* o el chucrut. Muchos de ellos presentan texturas peculiares, que van desde la fluida a la untuosa. En general, todos estos alimentos, aromáticos y penetrantes, gozan de notable aceptación. Ello se debe, tal vez, a que en el pasado no existían otras opciones alternativas. La col fermentada, con la que se elabora el chucrut, al igual que otros productos fermentados, eran ciertamente importantes para mantenernos con vida cuando los rigores del invierno hacían imposible el cultivo o la caza. Es probable que continúen gustándonos, porque sabemos que resultan esenciales para mantenernos sanos y fuertes.

El proceso de fermentación ejerce un efecto conservante sobre los alimentos, por lo que siempre ha sido un medio fundamental para que los humanos se nutrieran cuando los alimentos frescos escaseaban. Asimismo, también convierte los almidones en compuestos nutritivos y asimilables, más fáciles de digerir. Tomar alimentos fermentados mejora nuestra digestión, al introducir cultivos probióticos vivos en nuestro intestino, y contribuye a que absorbamos una mayor cantidad de nutrientes de los alimentos que ingerimos.

Los productos fermentados empleados en alimentación han sido modificados por la actividad microbiana. El término «fermentación» lleva implícito que este cambio resulta beneficioso. Ciertas bacterias ejercen un efecto más o menos benigno, otras son manifiestamente beneficiosas y las hay también que resultan perjudiciales. Cuando un sistema microbiano está equilibrado, ya sea en nuestro intestino o en nuestros alimentos, los microorganismos nocivos son mantenidos bajo control por las bacterias que son favorables. Cuando dicho sistema se altera, los microbios perniciosos pueden prevalecer y desarrollarse a expensas de los beneficiosos. En ello estriba la diferencia existente entre un vino de calidad y un zumo de uva contaminado por mohos o entre un delicioso queso y una leche deteriorada.

CAPÍTULO 1

Buenas razones para utilizar la fermentación

Las personas que viven en países asiáticos como Corea del sur o China, en cuya alimentación abundan productos fermentados como los escabeches y encurtidos o el yogur, se mantienen en general más sanos y suelen vivir más, lo que corrobora la creciente evidencia de que los alimentos fermentados repercuten positivamente en nuestra salud.

Los fermentados no son solo saludables, sino también realmente deliciosos. La fermentación genera sabores complejos —chispeantes, agrios, sabrosos y saciantes— que no suelen estar presentes en otros tipos de viandas.

Al elaborar sus propios alimentos fermentados podrá recabar de ellos todos sus beneficios nutricionales. Los pepinillos en vinagre y otros encurtidos comerciales fermentados pueden no haber sido preparados a través de un proceso de auténtica fermentación, sino solo curados en vinagre. Su sabor, aunque parecido, rara vez es tan intenso como el de las versiones artesanales elaboradas en casa. Por otro lado, incluso los alimentos que son fermentados mediante métodos tradicionales pierden a veces sus propiedades, ya que el proceso de pasteurización provoca la muerte de la mayor parte de las bacterias saludables.

LA FERMENTACIÓN POTENCIA LA SALUD

El consumo regular de alimentos fermentados aporta infinidad de beneficios para la salud. Se trata de productos que ayudan a mejorar la digestión, al restablecer las colonias de bacterias saludables (la flora) del intestino, que forma parte esencial del tubo digestivo, en el que tiene lugar el proceso de absorción y asimilación de los nutrientes en el cuerpo humano. A tales efectos, la función digestiva se desarrolla en esencia en el estómago y en los intestinos. En diversos estudios se ha constatado que los alimentos fermentados alivian o reducen las alergias y que combaten el desarrollo de placa bacteriana en la boca, aminorando la probabilidad de desarrollo de caries y mejorando el estado de salud de las encías. Todos aquellos que incorporan los alimentos fermentados a su dieta tienden, además, a perder peso con más facilidad y protegen asimismo su organismo frente a enfermedades importantes como la artritis y la ateroesclerosis.

¿Cuál es la importancia real del equilibrio en la flora intestinal? Cuando los sistemas fisiológicos se ven descompensados, las defensas naturales frente a las bacterias nocivas pierden vigor. Y tal es la situación en la que podemos empezar a padecer una amplia diversidad de trastornos, desde dolores de cabeza a diarreas o alergias. Nada hay más fácil que quebrar nuestro equilibrio interno, limitándose simplemente a mantener el estilo de vida moderno estándar. Las malas opciones nutricionales, el estrés emocional, los malos hábitos de sueño e incluso las condiciones medioambientales pueden afectar a la flora intestinal. La incorporación de alimentos fermentados a nuestra dieta y, consecuentemente, de microorganismos vivos saludables, es un elemento decisivo para el restablecimiento del equilibrio idóneo.

LA FERMENTACIÓN PRODUCE PROBIÓTICOS SALUDABLES

La fermentación depende del desarrollo de colonias de microbios provechosos que realicen adecuadamente sus funciones. Una vez que los microorganismos se asientan en un entorno favorable desde el punto de vista de su alimentación y con abundancia de agua y nutrientes, comienzan a proliferar y a reproducirse. A medida que van consumiendo los azúcares presentes en las sustancias de las que se nutren, producen alcohol y dióxido de carbono. Ello modifica el sabor y la textura de los alimentos. Cuando los ingerimos, van directamente al intestino, donde fomentan el crecimiento de bacterias aún más saludables, si cabe.

El término «probiótico» procede del griego pro biosis, «promotor de vida». Un probiótico es un organismo vivo. De ahí que el prefijo «bio» sea recurrente en casi todas las marcas de yogur más utilizadas. De hecho, en la mayor parte de los alimentos fermentados hay probióticos o prebióticos. Estos últimos no contienen por sí mismos los verdaderos microorganismos vivos, pero crean un medio favorable para el desarrollo de microbios beneficiosos. Tanto unos como otros actúan de manera conjunta para reforzar la salud digestiva y potenciar la acción del sistema inmunitario.

Como sus denominaciones indican, los probióticos y los antibióticos realizan tareas contrapuestas. En consecuencia, tomamos antibióticos para causar la muerte o el debilitamiento de las bacterias perniciosas cuando estas aumentan su número provocando enfermedades. En cambio, consumimos probióticos porque fomentan el crecimiento de las bacterias saludables que prestan apoyo al sistema inmunitario.

LA FERMENTACIÓN REFUERZA LA INMUNIDAD

Nuestro sistema inmunitario ha evolucionado con el objetivo esencial de protegernos de una amplia gama de peligros presentes en nuestro entorno. La primera línea defensiva es la del sistema digestivo, que no solo asimila los nutrientes, sino que también filtra toxinas para su eliminación. El sistema contiene aproximadamente el 80% de las bacterias presentes en el cuerpo, lo que supone unos 100 millones de microorganismos. Si se pudieran separar las células bacterianas del total de las células corporales, las primeras superarían sensiblemente en número y volumen a las segundas.

El intestino, el órgano más largo del sistema inmunitario, es sede de alrededor de la mitad de las respuestas inmunitarias corporales, y en él hay un número aproximadamente igual de neurotransmisores que en el cerebro, lo que ha hecho que los investigadores del sistema inmunitario hagan referencia a él en ocasiones como sistema nervioso secundario. Con el tiempo se ha podido constatar que los microbios intestinales se comunican con las células inmunitarias y hacen que estas actúen según determinadas pautas específicas. Además de facilitar la buena digestión, estos microorganismos también sirven de soporte y de factor de activación del sistema inmunitario.

La inflamación está asociada a un amplio espectro de enfermedades. La rigidez y la hinchazón articulares propias de la artritis constituyen un ejemplo de ello. Otro lo conforman las afecciones cardíacas. Según parece, los probióticos de los alimentos fermentados reducen esa inflamación, comunicándose directamente con las células que la provocan en primera instancia.

LA FERMENTACIÓN AYUDA A LA DIGESTIÓN

Un tubo digestivo sano desempeña sus funciones con facilidad. A medida que va descomponiendo los compuestos de los alimentos que tomamos, va también absorbiendo los nutrientes y el agua que nuestro cuerpo necesita, filtrando y favoreciendo, además, la eliminación de las toxinas y de otras sustancias nocivas presentes en los alimentos.

En ocasiones, los alimentos que ingerimos interfieren con la capacidad del cuerpo para digerirlos. Es muy probable que hayan oído hablar de ciertos productos de alimentación que son «fáciles de digerir». Ello presupone que el organismo no debe trabajar tan duramente como es habitual para extraer de ellos los nutrientes y para filtrar sus toxinas.

El proceso de fermentación elimina o inactiva compuestos presentes en los alimentos que son potenciales causas de problemas digestivos. Entre ellos se cuentan los denominados «fitatos», que han sido definidos como antinutrientes. Este término hace referencia a las sustancias que, en vez de aportarnos nutrición, dificultan la digestión de los compuestos nutritivos.

Esa es la razón por la que determinados productos ricos en fitatos, tales como cereales, frutos secos, semillas y legumbres, han de ser procesados de algún modo antes de que podamos obtener algún tipo de valor nutritivo de ellos. Aunque a menudo tendemos a pensar en el procesado de los alimentos como en algo negativo, el tipo de procesado al que nos referimos consta fundamentalmente de secado, molido y cocción. La fermentación participa también en este caso. Esa es la razón por la que los cereales se dejan «envejecer» después de ser molidos.

De hecho, los alimentos fermentados ya han sido en parte digeridos por el tiempo cuando los consumimos. Las bacterias presentes en los productos lácteos cultivados ya han consumido la lactosa de la leche, lo que explica que algunas personas con intolerancia a este azúcar puedan tomar yogur o queso sin problemas.

LA FERMENTACIÓN CONTRIBUYE A CONSERVAR LOS ALIMENTOS

Todos nosotros hemos dejado algún producto en la nevera durante demasiadas horas o lo hemos olvidado en la encimera durante la noche. Después de un tiempo, o a la mañana siguiente en el segundo caso, el alimento ha cambiado su apariencia de forma radical. Es posible que haya adquirido un aspecto mohoso, descompuesto o incluso espumoso. Los mohos pueden ser de diferentes colores y texturas, y muchas veces los alimentos mohosos aparecen simplemente como si se hubieran licuado. Y por otra parte, también está el olor. Un alimento podrido huele casi siempre muy mal. En cambio, cuando lo que le pasa es que ha fermentado suele presentar un olor penetrante, pero no desagradable.

La fermentación determina un equilibrio entre la creación de un entorno que permite el desarrollo de los microbios favorables y la desaceleración o la detención de la proliferación de microorganismos nocivos, que pueden hacer que un alimento se convierta en el potencial objeto de un estudio de investigación microbiológica. Si se controla el proceso, se acaba por conseguir un producto no solo comestible, sino también muy saludable.

Numerosos productos fermentados se combinan a menudo con cantidades significativas de sal, ya que esta destruye los microbios que hacen que los alimentos de deterioren o se pudran. Una vez erradicados estos microorganismos perjudiciales, existe menor competencia en cuanto a la consecución de nutrientes, y las bacterias saludables tiene mayores oportunidades de prevalecer.

LA FERMENTACIÓN ES UN PROCESO TRADICIONAL

No es difícil comprender los motivos por los que nuestros antepasados se interesaron por dominar el proceso de la fermentación. Se trataba de una cuestión de supervivencia. Si hay algo que conviene recordar al evocar nuestra actual atracción por el consumo de alimentos de temporada, es que se trata de una pauta que nuestros ancestros conocían desde antiguo. Para conseguir perdurar de una temporada a otra, es imprescindible estar preparado. Es preciso disponer de un entorno que nos proporcione cobijo, de prendas que nos abriguen y de alimentos que nos aporten la debida energía, incluso cuando no se pueda cazar, el ganado vacuno ya no dé leche y los árboles hayan dejado de producir frutos. Este principio forma parte del patrimonio humano que nos ha sido legado por aquellos que aprendieron a aprovechar los microbios para transformar la leche en queso, las uvas en vino y las anchoas en salsa de pescado.

Históricamente, todas las gastronomías cuentan con tradición en el uso de alimentos fermentados. Ya los egipcios conocían las técnicas de empleo de levaduras para elaborar pan y cerveza. Los zumos de frutas dejados fermentar dieron lugar a vinos, licores y tónicos durante miles de años, y todos ellos forman parte de la tradición culinaria de cualquiera de los lugares en los que hubiera viñedos o huertos de árboles frutales. En la antigua Roma era célebre el *garum*, apreciada salsa elaborada básicamente con tripas de pescado fermentadas. Los antiguos noruegos observaron que el salmón enterrado y mantenido en esas condiciones mientras continuaban la pesca cambiaba su aspecto, pero resultaba delicioso. Antes de enterrarlo le añadían sal, que extraía los jugos del pez y evitaba que se pudriera. Este ancestral proceso ha dado paso al actual *gravlax* de salmón, o salmón a la escandinava, que puede tomarse de diversas formas, por ejemplo, en finas lonchas sobre un *bagel*, acompañado de queso crema. Los barriles con sobras de vegetales dejados a la intemperie en el frío invierno ruso fueron el origen del *borscht*, tradicional sopa propia de la gastronomía rusa y otras cocinas eslavas, que no es más que una mezcla de hojas y tallos fermentados de remolacha, col y cebolla. En la actualidad el *kvass*, zumo de remolacha fermentado, se reconoce como bebida saludable y de alto valor nutritivo. En la antigua Corea las coles enterradas durante el invierno dieron lugar a lo que hoy se conoce como *kimchi*, preparación a base de col fermentada que tiene también su equivalente occidental, el chucrut.

Los pepinillos preparados a la manera tradicional siempre eran conservados en sal. El ácido láctico producido durante la fermentación era lo que les daba su característica acidez. Los pepinillos que encontramos en las tiendas actualmente rara vez están elaborados con sal; lo habitual es que estén conservados en vinagre. Cuando se desea adquirir unos pepinillos en conserva elaborados a la manera tradicional en el supermercado, es importante leer atentamente la etiqueta antes de comprarlos. Si el vinagre aparece como ingrediente principal del producto, no se trata de pepinillos fermentados.

LA FERMENTACIÓN PERMITE EXPERIMENTAR

Los alimentos fermentados según las técnicas tradicionales tienen un sabor fantástico. Son muy fáciles de preparar, aunque es necesario dejar pasar el tiempo adecuado para que se produzca la fermentación, lo que quiere decir que, en cierto modo, la fermentación requiere determinados conocimientos y cierta destreza. Cada lote de alimentos que prepare tendrá sus propias características, ya que cada entorno es diferente. Las condiciones medioambientales no son nunca las mismas, ni siquiera en el hogar.

En los supermercados es cada vez más frecuente hallar botellas y envases de bebidas como la *kombucha* y el kéfir. Con muy poco esfuerzo y con un gasto mínimo es posible preparar en casa estas bebidas y otros muchos alimentos fermentados. El proceso puede llevar horas o incluso varios días, pero lo único que hay que hacer es mantener el entorno más apropiado y, eventualmente, aportar nutrientes a la mezcla de fermentación de cuando en cuando.

Una vez conocidos los fundamentos del proceso, es posible fermentar virtualmente cualquier tipo de verdura, hortaliza o fruta, elaborar refrescos, infusiones o zumos, e incluso obtener legumbres fermentadas para elaborar *miso* o *tempeh*, productos obtenidos a partir de la fermentación de la soja, originarios de las tradiciones culinarias del Asia oriental y de alto contenido en proteínas

CAPÍTULO 2

Perspectiva general de la fermentación

La propia supervivencia del ser humano está vinculada a la fermentación. Las primeras evidencias de fermentación controlada se remontan a los más antiguos asentamientos agrícolas de Europa, Asia y Sudamérica. Como todas las demás técnicas básicas humanas, las de fermentación se desarrollaron mediante el método de ensayo y error. Los procedimientos realizados por las primeras generaciones se basaban en las evidencias que los incipientes investigadores tenían ante sí: ¿qué temperatura era la más favorable?, ¿qué cantidad de sal se necesitaba?, ¿qué pasaba cuando los alimentos eran enterrados o sumergidos y durante cuánto tiempo había que hacerlo hasta interrumpir la fermentación?

Hoy día tenemos un mayor conocimiento de lo que sucede durante la fermentación y de cómo se producen los cambios en los alimentos. Resulta práctico interpretar este proceso como un ecosistema, con varios organismos distintos que hacen todo lo posible por sobrevivir. Los tipos de especies que intervienen en el sistema tienen una repercusión directa sobre la composición química del entorno.

La fermentación depende de la dinámica de poblaciones (de los tipos de microbios presentes en el sistema), de las limitaciones de las fuentes de nutrición y de la competencia por los nutrientes disponibles. El medio natural del sistema de fermentación determina el sabor, el aspecto, el olor y la textura de los alimentos fermentados.

EL PROCESO DE FERMENTACIÓN

Los organismos responsables de la fermentación se encuentran en la atmósfera, con independencia de que los incorporemos al proceso o no. La fermentación no controlada, en la que diversas levaduras y cepas bacterianas presentes en el medio natural se introducen en los alimentos, a veces da lugar a resultados francamente deliciosos, pero otras hace que dichos alimentos se echen a perder o, en cualquier caso, no sean comestibles. El aprendizaje del control del proceso ha reportado numerosos beneficios para los humanos, el principal de los cuales es que, a través de él, en el pasado pudieron disponer de comida y bebida suficientes a lo largo del año (recordemos que no existían medios de refrigeración). El control del ecosistema de la fermentación ya era practicado en las culturas humanas antes de que se realizaran los primeros registros escritos. Nuestros ancestros estaban adaptados a su entorno y a los recursos de los que disponían y nos legaron una amplia selección de alimentos cuyo consumo se ha preservado siguiendo tradiciones tan antiguas como el género humano.

A medida que hemos ido perfeccionando nuestras técnicas y nuestros instrumentos para aplicarlas, el proceso se ha hecho más fácil de controlar y de conocer. Existen varios medios que se ponen en juego para supervisar el proceso de fermentación, que van desde la utilización de los propios sentidos, para evaluar el color, el sabor o la textura, hasta instrumentos y tecnologías más exactos, como termómetros, hidrómetros, tubos de medición y sifones.

Los microorganismos se hallan en cualquier entorno en el medio ambiente, desde los sistemas más extensos, como los océanos, hasta los suelos o los sistemas y órganos fisiológicos individuales, como el intestino humano. Un determinado tipo de microorganismo siempre consigue proliferar, en un entorno de escasa competencia, cuando tiene abundante cantidad de todo aquello que necesita, como nutrientes y agua, y está expuesto a un número relativamente limitado de aquellos factores que son perjudiciales para él, por ejemplo, temperaturas muy altas o muy bajas o niveles elevados de acidez. A medida que va creciendo y reproduciéndose, va convirtiendo los azúcares en alcohol y ácidos.

Hay dos tipos de microorganismos que desempeñan un papel esencial en la fermentación: los hongos y las bacterias. En términos generales, las bacterias son productoras de ácidos, en tanto que los hongos generan alcohol. Algunos alimentos se fermentan con una combinación de ambos.

En este ámbito los hongos son levaduras y mohos que se emplean para elaborar el vino, la cerveza, el queso y el pan. Producen etanol, un tipo de alcohol, y desprenden dióxido de carbono (que forma las «burbujas de aire» de la miga del pan y los «agujeros» de algunos quesos). Por otro lado, aunque la obtención de alcohol no es el objetivo en el caso de la fermentación de la masa, sí incorpora sabores específicos al pan.

Las bacterias que más a menudo se asocian a los alimentos bacterianos son las del género *Lactobacillus* (empleadas en encurtidos, escabeches y similares, quesos y embutidos fermentados). Estas cepas aportan a los embutidos fermentados un sabor fuerte, que es consecuencia del ácido láctico que producen. Otro género distinto de bacterias, el *Acetobacter*, produce ácido acético a partir del vino y la sidra, dando lugar a la formación de vinagre. Los principales requisitos para el desarrollo de una fermentación controlada son una cepa microbiana idónea, el tipo adecuado de materia orgánica y la capacidad de crear un medio fermentativo óptimo.

CONTROL DEL MEDIO DE FERMENTACIÓN

Algunos microbios hacen que los alimentos se deterioren y se pudran y otros compiten con los microorganismos más deseables, impidiendo que la fermentación tenga lugar. El objetivo de la fermentación de dichos alimentos es favorecer el desarrollo de los microbios «buenos», que hacen que los pepinillos adquieran su textura crujiente y su sabor agrio o que el mosto se transforme en vino, dificultando el desarrollo o destruyendo los microorganismos «malos», generadores de pútridos mohos y olores fétidos. Al permitir repetidamente que la misma secuencia de bacterias actúe sobre los alimentos, quienes se dedican a la elaboración de pan, cerveza, queso o vino o a la investigación de los métodos de conservación alimentaria pueden producir de modo sistemático alimentos y bebidas con sabores y texturas agradables.

INTRODUCCIÓN O FAVORECIMIENTO DEL DESARROLLO DE CEPAS BACTERIANAS DESEABLES

Algunos tipos de fermentación se producen porque levaduras y bacterias libres se depositan sobre la superficie de los productos alimentarios o están presentes en el medio ambiente. Esta variedad de fermentación natural se emplea aún hoy para elaborar algunas verduras en conserva o para fabricar pan.

En otros casos es necesaria la incorporación al proceso de un tipo de iniciador específico. Estas sustancias pueden ser cultivos o agentes iniciadores propiamente dichos, o bien formas purificadas utilizadas para obtener un producto específico.

El objetivo es facilitar el desarrollo de los microbios favorables apropiados, que proporcionen ácido láctico que aporte el sabor agrio a los encurtidos, destruyendo al mismo tiempo los microbios perjudiciales, o dificultando su proliferación, de modo que se eviten los mohos malolientes.

Los distintos microorganismos presentan diferentes necesidades. Algunos requieren un aporte sustancial de oxígeno en todo momento (los aerobios), otros no pueden exponerse a él (los anaerobios) y otros se adaptan según la situación a ambas condiciones (los facultativos). Análogamente, también de clasifican en virtud de su preferencia en cuanto a temperatura: muy fría (criófilos), intermedia (mesófilos) o muy caliente (termófilos). A este respecto, conocer cuál es la temperatura favorita de un microorganismo y ser capaz de mantenerla a lo largo del proceso de fermentación es uno de los factores clave para el resultado satisfactorio del mismo. Por otra parte, algunos microorganismos se desarrollan mejor en un medio ácido, otros lo hacen en un medio alcalino y un tercer grupo prolifera más adecuadamente en medios neutros, ni ácidos ni alcalinos.

La sal es un elemento de importancia crucial, y no solo porque modifica la cantidad de agua disponible en el medio. La adición de sal también altera el nivel de acidez (pH) del ecosistema. Ciertas bacterias, como las del género *Lactobacillus*, se desarrollan bien en las condiciones generadas por los entornos salinos y, una vez instauradas en ellos, tienen capacidad de variar el pH del medio.

La lactofermentación, o fermentación láctica, que es el proceso a través del cual se producen verduras, hortalizas, frutas, carnes y lácteos en conserva fermentados, es de naturaleza anaeróbica. Al privar de oxígeno a las bacterias causan la putrefacción de los alimentos, se genera un medio que favorece la proliferación de otras bacterias. El ácido láctico originado por las bacterias de *Lactobacillus* es el que da a los encurtidos su característico sabor agrio y el que hace que la leche se transforme en yogur o queso.

DETENCIÓN O REDUCCIÓN DE LA VELOCIDAD DE LA FERMENTACIÓN

En algún momento del proceso de fermentación se alcanza un estado de equilibrio. La febril actividad propia de las primeras fases del mismo se interrumpe o se desacelera sensiblemente. Algunos fermentos pasan de ser turbios a ser claros o transparentes, a medida que las células muertas se asientan en el fondo de la cuba de fermentación o del recipiente en el que esta tenga lugar. Las modernas cámaras de refrigeración alcanzan, en general, temperaturas ligeramente más frías que las temperaturas de almacenamiento o de bodega en frío (unos 3 °C, algo por encima del punto de congelación). Aunque los alimentos fermentados conservados en refrigerador continúan fermentado, lo hacen a una velocidad mucho más lenta. Las temperaturas de conservación mantenidas en cavas y bodegas (de entre 5 y 10 °C) también ralentizan la fermentación. Por otra parte, estas temperaturas son apropiadas para ciertos alimentos y bebidas, como los quesos fuertes y determinados vinos, a fin de que alcancen el sabor, la textura, el color y el aroma deseados.

Otra forma de detener o desacelerar la fermentación es elevar la temperatura del alimento en cuestión hasta aproximadamente 80 °C. En este caso el tratamiento térmico pasteuriza el producto, causando la muerte de los microbios responsables de la fermentación. Ello supone que ya no se consiguen los efectos beneficiosos de los probióticos vivos, aunque, como compensación, se obtiene un producto más estable y de periodo de caducidad más prolongado.

FERMENTACIÓN Y DETERIORO

La seguridad es una prioridad esencial en los alimentos lactofermentados. No obstante, la probabilidad de que estos productos se estropeen es menor que para otras viandas, ya que la composición del medio en el que se conservan les protege de la acción de las bacterias nocivas que provocan la putrefacción. Está claro que, como todos los demás, los alimentos fermentados pueden estropearse. Sin embargo, cuando eso sucede, la nariz y los ojos bastan como medio de advertencia. Por el contrario, muchos productos nutritivos cocinados que presentan un aspecto, un sabor y un olor correctos están en condiciones de albergar microorganismos patógenos causantes de enfermedades transmitidas a través de la comida o la bebida.

El proceso de fermentación es complejo e incluye numerosas variables. Los expertos en nutrición aún están investigando múltiples aspectos referidos a ella. Con independencia de cuántos sean los sistemas implicados a nivel celular en el proceso, el trabajo de quien prepara alimentos fermentados es directo y claro. Posiblemente, la parte menos gratificante de él sea el tiempo, a veces prolongado, que se ha de esperar.

CAPÍTULO 3

Cómo actúa la fermentación

Si se selecciona una combinación de microorganismos apropiada y el medio nutritivo idóneo, es posible fermentar prácticamente cualquier alimento. Los ingredientes básicos que han de utilizarse en la fermentación rara vez son exóticos o difíciles de hallar. Es probable que la mayor parte de ellos estén en este momento en cualquier cocina.

BACTERIAS

La lactofermentación requiere presencia de bacterias del género *Lactobacillus*, dentro del cual se engloban varias especies y cepas. Entre ellas se distinguen diversas opciones que tienen preferencia por determinados tipos de alimento: algunas actúan mejor sobre verduras y hortalizas, otras sobre derivados lácteos, algunas sobre frutas y otras sobre bebidas alcohólicas. Las bacterias de *Lactobacillus* convierten los azúcares en alcohol, a través de un proceso conocido como «glucólisis». También desprenden gas (dióxido de carbono) durante el proceso de transformación, siendo esa la razón de que los recipientes en encurtidos o col fermentada deban abrirse periódicamente para liberar el gas o requieran el uso de una válvula de aire (*airlock*) en el fermentador, que permita eliminar el gas acumulado impidiendo, no obstante, que penetre oxígeno en el recipiente. Por el contrario, las bacterias del género *Acetobacter* precisan oxígeno para convertir ciertas bebidas alcohólicas en vinagre.

A medida que las bacterias proliferan en un medio rico en nutrientes, se dividen: una célula se convierte en dos, estas dos en cuatro, y así sucesivamente. Cuando la división celular tiene lugar con rapidez, la población bacteriana global se incrementa a un ritmo vertiginoso. Así pues, resulta fácil comprender la razón por la que solo se necesita una pequeña cantidad de bacterias para fermentar un importante volumen de alimento.

Algunas de las bacterias apropiadas para la fermentación láctica están bastante difundidas en el medio ambiente. En consecuencia, muchas veces basta con dejar que las bacterias se multipliquen, aportándoles el medio nutritivo adecuado. También es posible incorporar otros tipos de bacterias, mediante la adición, por ejemplo, de suero de mantequilla o yogur a la leche entera para elaborar más yogur.

Determinadas especies bacterianas consiguen proliferar durante muchas generaciones siempre y cuando sean nutridas con regularidad. Tal circunstancia se da especialmente en los cultivos que se inician con fermentos naturales. Por el contrario, las preparaciones de bacterias para fermentación en polvo y liofilizadas rara vez son eficaces después de más de dos o tres fermentos.

HONGOS

Las levaduras y mohos son los hongos que pueden fermentar alimentos. El proceso es algo distinto del originado por las bacterias, aunque el resultado final es el mismo. Mientras que las bacterias se reproducen por simple bipartición, las levaduras lo hacen mediante un mecanismo conocido como «gemación». En ella se forma una pequeña yema en la célula madre, cuyo núcleo se divide en dos. Uno de estos núcleos se desplaza hacia la célula de la yema, o célula hija, que continúa creciendo hasta que su tamaño es lo bastante grande como para que pueda separarse de la célula madre. Si la temperatura, la humedad y los nutrientes disponibles son los adecuados, las levaduras llegan a reproducirse de modo tan abundante y rápido como las bacterias.

Los mohos se emplean con menor frecuencia que las levaduras para fermentar alimentos, si bien se utilizan en la elaboración de ciertos quesos y vinos, así como alimentos de determinadas gastronomías locales, como el llamado «cornezuelo del maíz», o huitlacoche, de México. El moho empleado para elaborar el queso de roquefort es un hongo similar al que causa la producción de la penicilina, mientras que el de la especie *Botrytis cinerea* ataca a las uvas en las cepas y es conocido como «podredumbre noble», puesto que la uva parasitada produce vinos de estructura y buqué excepcionales.

Las levaduras y mohos están presentes en el entorno natural en los más diversos lugares. Dado que son tan prolíficos, los hongos nativos tienden a desplazar a otras especies. Tal es la razón por la que una masa madre que pasa de San Francisco a Nueva York pierde el sabor intenso propio del área de la ciudad californiana, en favor de la población de hongos locales. Ese es asimismo el motivo por el que algunos fabricantes de vinos o cervezas prefieren utilizar cepas de especies de levaduras específicamente desarrollados para estas bebidas.

MADRES, SCOBYS, GRANOS DE KÉFIR Y SUERO DE LECHE

Una madre se desarrolla con el tiempo en cualquier vinagre crudo o sin filtrar. Las bacterias responsables de que el vino se transforme en vinagre llegan al primero transportadas por las moscas del vinagre y, una vez asentadas en el líquido, comienzan a nutrirse del alcohol convirtiéndolo en vinagre. En última instancia se forma una colonia de celulosa y bacterias, dando lugar a lo que aparece como una pequeña acumulación sólida primero y más tarde como una masa amorfa. Esta masa es lo que se conoce como «madre». El aspecto de la madre resulta desagradable si no se espera que se desarrolle en el interior del vinagre. Se trata de una masa grisácea, de aspecto cenagoso, con manchas y grumos.

Una madre puede perdurar casi indefinidamente, siempre que sea nutrida con vino nuevo. Con el transcurrir del tiempo, una segunda masa, o masa hija, se forma sobre la madre. Esta comienza a hundirse a medida que se hace menos activa. Las madres de mayor antigüedad son menos potentes, aunque siempre mantienen la potencia suficiente como para comenzar a elaborar un nuevo vinagre.

Algunos incondicionales de la elaboración de vinagres son partidarios de utilizar un tipo específico de madre para cada vino o similar (una para el tinto, otra para el blanco y otra para la sidra). Otros no creen que haya mayor diferencia entre unas y otras.

El término SCOBY designa los cultivos simbióticos de bacterias y levaduras; es un acrónimo del inglés *Symbiotic Colony Of Bacteria and Yeast*. Un SCOBY es una masa gelatinosa que se forma sobre la superficie del té endulzado cuando este fermenta. Las bacterias y levaduras específicas se alimentan del té azucarado, dando lugar a la formación de *kombucha*. Al final de la fermentación, la *kombucha* tiene un sabor agrio y refrescante, bastante diferente del que posee el té dulce del que procede. Un nuevo SCOBY se forma en cada remesa de *kombucha* que se prepara.

Los granos o nódulos de kéfir, también llamados «búlgaros», son similares a los SCOBY. También contienen tanto levaduras como bacterias. Algunos se añaden a derivados lácteos, mientras que otros se utilizan con líquidos no lácteos (incluidas las leches no lácteas). Cuando se emplean para preparar una porción de kéfir, los granos proliferan, hasta el punto de que es posible que se llegue a disponer de más cantidad de ellos de la que se necesita. En tal caso puede optarse por compartirlos o utilizar los sobrantes como fertilizantes para plantas.

El suero de leche es la parte líquida de la leche que se separa de la parte sólida cuajada. El líquido contiene bacterias del género *Lactobacillus*, utilizadas para fermentar diferentes tipos de comestibles, entre ellos, frutas, verduras y hortalizas y carnes. Para la fermentación no es imprescindible la adición de suero de leche, aunque ciertamente se trata de una sustancia que acelera de modo notable el proceso. Algunos partidarios de elaborar ellos mismos los alimentos fermentados utilizan sal en vez de suero de leche. Otros, en cambio, consideran que la incorporación de este suero contribuye a mejorar tanto el valor nutricional como el sabor de los comestibles fermentados. En nuestras recetas se ofrecen ambas opciones. El suero de leche puede elaborarse colando yogur o kéfir, hecho en casa o comercial, según se indica en la página 74. Si para ello se usa un yogur adquirido en tiendas, es importante que sea natural y con cultivos vivos o activos.

INICIADORES

Los panaderos de todo el mundo que elaboran pan tradicional siempre han recurrido a las masas prefermentadas para ayudar a que la masa se eleve al hornearlo. Cada prefermento tiene sus propias características. Algunos se dejan fermentar solo unas pocas horas y son muy húmedos. La prefermentación de la masa da el tiempo suficiente para que el pan adquiera toda la plenitud de su sabor, ya que la levadura puede desarrollarse lentamente.

Los iniciadores de masa madre son similares en ciertos aspectos a los prefermentos. La principal diferencia entre ambos radica en que, al elaborar la masa final, el prefermento se utiliza prácticamente entero. Por el contrario, Cuando se trabaja con un iniciador de masa madre, solo se utiliza una porción de él, se mantiene viva la parte restante nutriéndola convenientemente.

En cada lugar del mundo se utilizan harinas específicas para las masas madre de los diferentes panes y similares, desde los panes de masa madre de San

Francisco a las *miches* (hogazas) francesas o los panes de centeno alemanes, de los blinis de trigo sarraceno (alforfón) rusos a las injeras de mijo etíopes.

Obtener y mantener un iniciador de masa requiere tiempo y cierto trabajo, pero no hay otro posible sustitutivo para conseguir el sabor denso y delicioso que le aporta al pan.

SELECCIÓN DE INGREDIENTES PARA OPTIMIZAR LA FRESCURA

Cuando se preparan conservas es especialmente importante adquirir o elaborar ingredientes que no contengan aditivos y que se hayan cultivado o desarrollado sin fertilizantes ni pesticidas, en especial cuando se mantienen las pieles o cáscaras. No obstante, no es imprescindible que los ingredientes sean de cultivo o cría orgánicos. La fermentación siempre se ha empleado para conservar alimentos de temporada, con independencia de que estén poco maduros o muy pasados; la cuestión es que no desarrollen mohos ni se deterioren.

PRODUCTOS FRESCOS DEL CAMPO

Cuando un alimento se encuentra en su punto, en toda su plenitud, ese es el mejor momento para elaborar una conserva con él. Algunos productos comestibles tienen temporadas específicas y, a veces, muy breves. Tal es el caso de los espárragos naturales, los ajetes o las fresas de cultivo natural (no de invernadero). Otros, en cambio, están disponibles durante temporadas prolongadas, en sus distintas variedades; así sucede, por ejemplo, con las manzanas o los tomates.

Por regla general, las frutas y verduras suelen lavarse y cortarse, para eliminar los tallos más gruesos o las partes golpeadas. Una significativa excepción a esta pauta la constituyen las uvas destinadas a la elaboración de vino, ya que el hecho de lavarlas podría implicar la pérdida de las levaduras presentes sobre la superficie de su piel.

SAL

El tipo de sal que se utilice puede determinar la diferencia a la hora de aportar sabor a las preparaciones fermentadas. A este respecto resulta apropiada la sal *kosher**, por su carencia de aditivos. No obstante, los granos de este tipo de sal son gruesos y, a veces, tardan más tiempo en disolverse que los de otras clases de sal, de grano más fino. La sal de mesa, además de contener dextrosa (glucosa), presenta también en su composición ingredientes antiaglomerantes y, en ocasiones, yodo, elementos ambos que pueden afectar al sabor y al aspecto de las conservas fermentadas. La sal para encurtidos carece de aditivos y es de grano muy fino, mientras que los distintos tipos de sales marinas varían sensiblemente en términos de sabor y contenido de minerales. A fin de cuentas, el tipo de sal que cada cual elija es cuestión de preferencia personal y de precio.

AGUA

Si el agua del grifo está, como suele suceder, tratada con cloro o con flúor, es conveniente considerar la posibilidad de utilizar agua filtrada o agua de manantial embotellada.

LECHE CRUDA Y SIDRA NO PASTEURIZADA

En Estados Unidos la venta de leche cruda o sidra sin pasteurizar es ilegal, salvo que la explotación agropecuaria que las produzca cuente con una certificación específica. En este caso los consumidores pueden adquirir ambas directamente del productor. Conviene puntualizar que hay algunos alimentos fermentados que resultan difíciles, si no imposibles, de elaborar sin recurrir a algunos de estos dos productos. La cuajada, por ejemplo, no es más que leche separada del suero a temperatura ambiente. La sidra pasteurizada carece de las bacterias necesarias para transforman el zumo de frutas en alcohol. Sin embargo, en general, cualquier leche o nata que no haya sido ultrapasteurizada o tratada con conservantes puede utilizarse para elaborar la mayor parte de los lácteos cultivados. En realidad, la leche cruda tiene algunos inconvenientes para elaborar yogur, ya que las bacterias presentes en ella pueden desplazar a la que es responsable de la transformación de la leche en yogur. En tal caso es conveniente mantener una cepa separada de iniciador preparado con leche pasteurizada.

---

* La sal *kosher* es un tipo de sal, carente de aditivos, utilizada tradicionalmente por los judíos para salar ciertos alimentos y que se emplea con frecuencia creciente en cocina como condimento, por su pureza.

CAPÍTULO 4

Nuestro propio laboratorio de fermentación en casa

Muchos alimentos fermentados se preparan con instrumentos y utensilios habituales en cualquier cocina o que pueden adquirirse fácilmente y por poco precio en ferreterías, tiendas de menaje de cocina y afines. Es conveniente informarse sobre los comercios de la zona en la que vivimos en los que se pueden adquirir artículos utilizados en la elaboración de cervezas, vinos u otras bebidas fermentadas. En la sección Recursos (página 151) se ofrecen algunas referencias para encontrar ingredientes o instrumentos especializados a través de Internet.

He aquí algunos utensilios que suelen formar parte de la dotación de la mayoría de las cocinas:

- Cucharas y tazas medidoras
- Pequeña balanza digital
- Cucharas
- Tamices y coladores
- Boles y tazas
- Cuchillos
- Ralladores
- Tabla de corte
- Pelador de frutas y verduras
- Paño para hacer queso (estopilla)
- Embudo

Si no se tiene a mano alguno de los citados, puede encontrarse sin problemas en tiendas de productos de alimentación y utensilios de cocina.

Además, son necesarios:

- Envases para conserva
- Tapas

Otros posibles recursos útiles, aunque no siempre necesarios, son los siguientes:

- Termómetro
- Hidrómetro
- Válvulas de aire *(airlocks)*
- Pesos
- Sifones
- Escobillas para limpiar botellas

Los procesadores de alimentos, batidoras y otros dispositivos eléctricos son en ocasiones de utilidad, aunque en general no son necesarios. Casi siempre se pueden elaborar las mismas preparaciones manualmente.

ENVASES PARA FERMENTACIÓN

El tamaño, material y forma de cada envase dependen del alimento que vaya a contener y de la cantidad del mismo que esté previsto preparar. El vidrio y el plástico adecuados para alimentos resultan apropiados. Los envases de cerámica esmaltada son los que tradicionalmente se emplean como recipientes destinados a conservar pepinillos y otros encurtidos.

Frascos de vidrio para conserva. La capacidad de estos recipientes pueden oscilar entre 120 mililitros y 4 litros. Cuando la elaboración que se vaya a conservar así lo requiera, es conveniente disponer de frascos de boca ancha. Estos recipientes suelen tener tapones de rosca de dos piezas o, más habitualmente, tapa de vidrio con cierre hermético de estribo metálico y junta de goma.

Cubos, cubetas y garrafas. En ocasiones es necesario disponer de contenedores más grandes, cuando se va a elaborar una cantidad de fermentado que no cabe en un frasco de vidrio o que puede formar espuma en las fases iniciales de la fermentación. Los cubos de plástico fabricados con material adecuado para contener alimentos son una posible opción. Otra es utilizar garrafas, grandes recipientes de vidrio de boca estrecha. La capacidad de este tipo de contenedores oscila entre los 4 y los 40 litros, o incluso más. Es importante que los cubos y cubetas de plástico para fermentación tengan tapas herméticas y que las garrafas cuenten con tapones idóneos para sellar el cuello.

Envases para pepinillos, encurtidos y chucrut. Los recipientes de cerámica, esmaltados en su parte inferior y sin arañazos o ralladuras, son la opción más tradicional a la hora de preparar pepinillos y encurtidos en conserva. Algunos de ellos tienen tapa. En ocasiones determinados recipientes, de estilo clásico y decorativos, pueden hallarse en tiendas de antigüedades y de segunda mano. Es importante, eso sí, comprobar que no presenten arañazos o raspaduras en la capa de esmalte, ya que en ellos pueden alojarse bacterias nocivas.

PESOS

Cuando se dispone un alimento en líquido de salmuera o escabeche para proceder a su conservación, este tiende a flotar, con lo que puede quedar en parte al descubierto, entrando en contacto con el oxígeno. Ello se evita colocando algún peso sobre él. Estos «sobrepesos» pueden ser de diferentes tamaños y formas, convenientemente ajustados a los distintos envases y contenedores. También es posible recurrir a soluciones caseras, como colocar un plato sobre el alimento que se vaya a conservar y una botella llena de agua encima de él.

VÁLVULAS DE AIRE

Una válvula de aire, también llamada aireador o *airlock*, es un dispositivo que libera los gases formados en el envase en el que se desarrolla la fermentación, a fin de que este no explote. Su control da idea del modo en el que se está desarrollando el proceso. En las primeras etapas de la fermentación se observa una gran cantidad de burbujas. A medida que va desacelerándose, sin embargo, la frecuencia va disminuyendo hasta llegar a aparecer solo una burbuja por minuto.

BOTELLAS Y TAPONES PARA BEBIDAS FERMENTADAS

Para conservar la cerveza o el vino elaborados en casa pueden utilizarse botellas de vidrio de las que ya se disponga, asegurándose siempre de que no tengan muescas o fisuras. Especialmente conocidas son las botellas de cerveza con cierre de estribo metálico. Para las diversas bebidas fermentadas existe una amplia diversidad de tapones, que pueden ser de corcho, los ya mencionados con cierre de estribo, o los de metal o plástico. En las tiendas en las que se comercializan utensilios para fermentación, y también *online*, se pueden hallar tanto todo tipo de tapones como los dispositivos adecuados para insertarlos (es posible utilizar estos dispositivos o bien taponar las botellas uno mismo).

TERMÓMETROS

Los fermentos lácticos son difíciles de elaborar si no se dispone de termómetros de precisión. Entre las posibles opciones se cuentan un termómetro de precisión de lectura instantánea (en ocasiones denominado termómetro de varilla o de aguja) o un termómetro flotante, que permite introducirlo en el líquido de fermentación para seguir la evolución de la temperatura en el curso del proceso. Los hay tanto analógicos como de lectura digital.

HIDRÓMETROS

Un hidrómetro, también llamado densímetro, mide, entre otras cosas, la concentración de determinados componentes en un líquido. Cuando se está elaborando una bebida fermentada y se efectúa una lectura con él, este valor puede compararse con una gráfica estandarizada para determinar el contenido de alcohol del líquido fermentado. Para utilizar un hidrómetro simple, basta con introducir el bulbo en el líquido, girándolo para eliminar las burbujas que pudieran hacer que flotara. Sobre la escala calibrada de la varilla se efectúa la lectura, que se toma al nivel alcanzado por el líquido en la escala.

SIFONES

Extraer un líquido de un envase de fermentación sin alterar el sedimento resulta más fácil utilizando dispositivos con conductos de plástico adecuados para uso alimentario. Tales conducciones pueden adquirirse en ferreterías y tiendas de bricolaje y utensilios de cocina. Una conducción de 1,8 a 2 metros suele ser suficiente. En los sifones, las pinzas mantienen el tubo cerrado mientras que los dispositivos de llenado actúan como tapón a fin de mantener el sifón cerrado cuando se están llenando las botellas.

HIGIENE

La limpieza es ciertamente importante. En cualquier situación es imprescindible lavar cuidadosamente todos los utensilios y recipientes con agua caliente y jabón. Debe utilizarse una escobilla de botellas para limpiar a fondo el interior de los envases, asegurándose de que se llega a todos los ángulos y fisuras. A continuación, es importante aclarar bien con agua también caliente y dejar secar al aire.

Por otro lado, cuando se procede a una fermentación, basta con tener las manos limpias y con que la tabla de corte o la varilla del termómetro estén también limpias.

La mayoría de quienes se dedican a la fermentación suelen adoptar como medida complementaria la esterilización de todo el equipo y de los envases. Esta operación puede efectuarse de diferentes maneras. Los utensilios y recipientes de vidrio y metal se esterilizan en un baño de agua hirviendo o con vapor, aunque este procedimiento no resulta práctico con objetos grandes o de plástico. Para ellos se puede preparar una solución de hipoclorito sódico (lejía): una cucharada de lejía en 4 litros de agua. Los objetos se sumergen en la solución —algunos lo hacer en la bañera, eso sí, muy limpia y se aclaran con agua caliente.

Hay otros limpiadores y desinfectantes en el mercado, comercializados bajo diferentes marcas, que no necesitan aclarado. Las pastillas de metabisulfito de sodio (las llamadas tabletas Campden) o de bisulfito de potasio se cuentan entre las más utilizadas. En cualquier caso, siempre conviene asegurarse de seguir fielmente las instrucciones de uso de este tipo de productos.

TÉCNICAS BÁSICAS

A diferencia de lo que sucede en el ámbito de la cocina, que requiere dominar una amplia gama de técnicas, la fermentación consiste solamente en combinar ingredientes y en dejar pasar el tiempo necesario para que haga el resto del trabajo. No obstante, es preciso, en cualquier caso, ajustar convenientemente el medio, para lograr ciertos efectos.

CÓMO CREAR UNA INCUBADORA

Los alimentos que deben fermentar en un entorno cálido, con temperaturas que oscilan entre 32 y 50 °C, necesitan una incubadora. Al principio es preciso experimentar en casa para hallar el lugar más adecuado en el que colocar los distintos fermentos. Es posible recurrir a alguno de los siguientes planteamientos:

- Disponer los fermentos sobre una manta eléctrica o una lona térmica para plantas de semillero.
- Introducir los fermentos en un termo y añadir agua caliente para crear y mantener un entorno cálido.
- Colocar los fermentos en la parte superior del frigorífico.
- Introducir los fermentos en el horno en la modalidad de *stand-by* (con el piloto rojo encendido) o, si este carece de él, en el horno encendido y después apagado, pero con la luz encendida. Si es preciso, pueden introducirse también bandejas con agua caliente para mantener un entorno cálido.
- Colocar los fermentos sobre un dispositivo que esté permanentemente encendido, como un decodificador o un reproductor de DVD.

FERMENTACIÓN A TEMPERATURA AMBIENTE

En realidad, no hay ningún aspecto especialmente destacable de la fermentación a temperatura ambiente, siempre que esta no sea inferior a 15 °C ni superior a 25 °C. A continuación se citan algunas consideraciones básicas.

La mayor parte de los fermentos deben mantenerse protegidos de la luz solar directa. Siempre y cuando sea así, pueden dejarse sobre la encimera o conservarse en la despensa.

Algunos fermentos atraen a las moscas de la fruta. Cuando ello suceda, cabe la posibilidad de disponer en su proximidad un plato o un bol con zumo de fruta, añadiendo unas gotas de lavavajillas. El zumo atraerá a los insectos, pero, cuando estos se posen sobre él, el detergente hará que queden adheridos a su superficie.

Numerosos fermentos no deben ser agitados ni sacudidos.

Cuando se manejan distintos fermentos a temperatura ambiente a la vez, es importante mantenerlos separados a una distancia de unos 3 metros entre sí.

PARTE DOS

Recetas

CAPÍTULO 5

Verduras y hortalizas

Las verduras y hortalizas en conserva, encurtidas o escabechadas, constituyen una parte importante de las comidas en distintas culturas; por ejemplo, en la japonesa o en la de los llamados «holandeses de Pensilvania», poblaciones como los amish y otros grupos protestantes anabaptistas del este de Estados Unidos, caracterizados por pautas de vida sencilla y tradicional y por su tendencia al rechazo de las innovaciones y las tecnologías modernas. Un loncha de pepinillo dentro de un sándwich es una imagen tan familiar que la mayoría de nosotros nunca nos paramos a pensar en su origen.

Las recetas de este capítulo son solo una muestra de la gran variedad de opciones existentes a la hora de fermentar verduras y hortalizas. De hecho, es posible preparar este tipo de conservas con coliflor, los diferentes tipos de calabaza, cardo, hinojo, alcachofa o tomates verdes (tomatillos). Ciertamente, además de las múltiples herbáceas y vegetales de hoja, resulta difícil pensar en una verdura o una hortaliza con la que no se pueda elaborar este tipo de preparaciones.

Al fermentar verduras, conviene asegurarse de que quedan completamente sumergidas en la salmuera. Ello a veces requiere la utilización de pesos, según se ha indicado en la página 37.

Otro recurso que se emplea en la elaboración de conservas fermentadas es la válvula de aire, que ofrece la posibilidad de controlar la cantidad de oxígeno que llega a las verduras y de permitir la salida del envase de los gases producidos por los microorganismos antes de que la presión suba en exceso. La información relativa a estos dispositivos se recoge en la página 37. En la página 151, en el apartado Recursos, se mencionan referencias sobre estos y otros utensilios empleados en este contexto.

Las indicaciones para la preparación de las recetas corresponde a porciones relativamente pequeñas, por lo que la fermentación tendrá lugar en el mismo frasco en el que las verduras y hortalizas se introduzcan. En general, si la tapa del envase se proyecta curvándose hacia fuera, ello es indicio de que ya no es necesario mantener el producto más tiempo en salmuera, siempre que se haya incluido el líquido suficiente como para cubrirlo aproximadamente 2 centímetros por encima del nivel superior.

Cuando se preparan cantidades mayores, a veces es preferible fermentarlas en recipientes grandes, siendo particularmente aconsejable en este caso la utilización de pesos y válvula (si bien no son indispensables). Cuando la fermentación inicial ha concluido y se está preparado para transferir las verduras u hortalizas a otro envase, estas han de extraerse, debiendo también recuperarse el líquido de salmuera para incorporarlo a los frascos de conserva. He aquí algunos consejos sobre cómo abordar esta tarea:

1. Colocar un colador dentro de un bol grande, si es posible de modo que este quede suspendido sobre el fondo del recipiente sin llegar a tocarlo.
2. Verter las verduras u hortalizas y la salmuera desde el recipiente o cazo en el que se haya desarrollado la fermentación, utilizando un colador.
3. Dejar que los productos fermentados escurran unos minutos.
4. Pasar las verduras u hortalizas a frascos de conserva limpios apretándolos bien en ellos hasta aproximadamente 3 centímetros de la boca de los mismos.
5. Verter una cantidad suficiente de la salmuera reservada en cada frasco hasta cubrir por completo los alimentos. La parte superior del líquido debe quedar al menos 2 centímetros por encima de los fermentados en cada frasco.
6. Cerrar fuertemente los frascos con tapas de rosca.
7. Pasarlos al frigorífico o a un lugar en el que se conserven en frío.

ALGUNOS APUNTES ESPECIALES SOBRE EL CHUCRUT Y EL *KIMCHI*

Las recetas aquí incluidas permiten que estas elaboraciones a base de col se conserven durante 3 días a temperatura ambiente. Se sabe que, según las técnicas tradicionales, estos fermentados se preparaban manteniéndolos enterrados durante los meses de otoño e invierno, antes de que estuvieran listos para su consumo. En las versiones que aquí se ofrecen ambos pueden tomarse después de solo 2 o 3 días, si bien hay que tener en cuenta que el sabor continúa desarrollándose cuando los periodos de fermentación en ambiente frío son más largos. Con el tiempo, tanto el chucrut como el *kimchi* pueden llegar a resultar demasiado amargos al paladar.

Chucrut

PARA PREPARAR 2 FRASCOS DE 1 LITRO DE CAPACIDAD

- SUERO DE LECHE COMO CULTIVO INICIADOR (OPCIONAL)
- FERMENTO LÁCTICO
- FERMENTACIÓN A TEMPERATURA AMBIENTE
- TIEMPO DE FERMENTACIÓN: 3 DÍAS

El chucrut es un acompañamiento tradicional de una amplia variedad de elaboraciones de carnes asadas y guisadas, especialmente salchichas y carnes de vacuno y cerdo. Un afamado plato alsaciano conocido como chucrut garnie es una elaborada presentación de las mejores salchichas y carnes de aquella región francesa braseadas y servidas sobre un lecho de agrio chucrut mezclado con manzana y cebolla. Como sucede con todos los alimentos con componentes vivos, estos desaparecen por completo cuando el chucrut se calienta por encima de los 50 °C. Cuando se prepara chucrut, puede reservarse también parte de su caldo, que contiene numerosos importantes probióticos.

1 REPOLLO VERDE DE TAMAÑO MEDIANO, SIN EL TRONCHO Y CORTADO EN JULIANA
1 CUCHARADA DE SEMILLAS DE ALCARAVEA
50 MILILITROS DE SUERO DE LECHE O 1 CUCHARADITA ADICIONAL DE SAL MARINA
1 CUCHARADA DE SAL MARINA

1. Mezclar el repollo, las semillas de alcaravea, el suero de leche y la sal en un bol grande.
2. Machacar la col con un mazo para carnes hasta que libere parte de su jugo, durante aproximadamente 10 minutos.
3. Introducir la mezcla en 2 frascos de conserva de boca ancha de 1 litro de capacidad.
4. Presionar con fuerza hacia abajo hasta que los jugos desprendidos superen el nivel alcanzado por la col. La parte superior del líquido debe quedar alrededor de 2 centímetros por debajo de la boca de cada frasco.
5. Tapar bien los frascos y dejar que el chucrut fermente a temperatura ambiente en un área protegida de la luz solar directa durante unos 3 días.
6. Pasar los frascos a conservación en frío.

Curtido

PARA PREPARAR 2 FRASCOS DE 1 LITRO DE CAPACIDAD

- SUERO DE LECHE COMO CULTIVO INICIADOR (OPCIONAL)
- FERMENTO LÁCTICO
- FERMENTACIÓN A TEMPERATURA AMBIENTE
- TIEMPO DE FERMENTACIÓN: 3 DÍAS

El curtido es una versión ácida y picante del chucrut, propia del Caribe. Se emplea habitualmente como acompañamiento de carnes a la parrilla, al horno o guisadas, sobre todo de cerdo y de caza. No obstante, también es un complemento perfecto de pescados o como relleno de tacos.

1 REPOLLO DE TAMAÑO MEDIANO, SIN EL TRONCHO Y CORTADO EN JULIANA

200 GRAMOS DE ZANAHORIAS CORTADAS EN TIRAS FINAS

1 CEBOLLA MEDIANA, CORTADA PRIMERO EN CUARTOS Y DESPUÉS EN RODAJAS MUY FINAS

1 LITRO DE VINAGRE DE PIÑA (PÁGINA 120)

1 CUCHARADA DE ORÉGANO SECO

½ CUCHARADITA DE COPOS DE PIMIENTA ROJA

1. Mezclar el repollo, la zanahoria, la cebolla, el vinagre de piña, el orégano y los copos de pimienta roja en un bol grande.
2. Machacar la mezcla con un mazo para carnes hasta que libere parte de su jugo, durante aproximadamente 10 minutos.
3. Introducir la mezcla en 2 frascos de conserva de boca ancha de 1 litro de capacidad.
4. Presionar con fuerza hacia abajo hasta que el jugo desprendido supere el nivel alcanzado por la mezcla. La parte superior del líquido debe quedar alrededor de 2 centímetros por debajo de la boca de cada frasco.
5. Tapar bien los frascos y dejar que el curtido fermente a temperatura ambiente en un área protegida de la luz solar directa durante unos 3 días.
6. Pasar los frascos a conservación en frío.

Kimchi

PARA PREPARAR 2 FRASCOS DE 1 LITRO DE CAPACIDAD

- SUERO DE LECHE COMO CULTIVO INICIADOR (OPCIONAL)
- FERMENTO LÁCTICO
- FERMENTACIÓN A TEMPERATURA AMBIENTE
- TIEMPO DE FERMENTACIÓN: 3 DÍAS

El kimchi se puede preparar más o menos picante, según el gusto. Para que sea más picante basta con añadir algún chile más y 1/2 cucharadita adicional o más de copos de pimienta roja.

1 COL CHINA, SIN EL TRONCHO Y CORTADA EN JULIANA

1 MANOJO DE CEBOLLETAS, PICADAS

200 GRAMOS DE ZANAHORIAS CORTADAS EN TIRAS FINAS

2 CHILES PICANTES, FINAMENTE CORTADOS

100 GRAMOS DE DAIKON (RÁBANO JAPONÉS) RALLADO

1 CUCHARADA DE JENGIBRE RALLADO

3 DIENTES DE AJO, PELADOS Y PICADOS

½ CUCHARADITA DE COPOS DE PIMIENTA ROJA

50 MILILITROS DE SUERO DE LECHE O 1 CUCHARADITA ADICIONAL DE SAL MARINA

1 CUCHARADA DE SAL MARINA

1. Mezclar la col, la cebolleta, la zanahoria, los chiles, el *daikon*, el jengibre, el ajo, los copos de pimienta roja, el suero de leche y la sal en un bol grande.
2. Machacar la mezcla con un mazo para carnes hasta que libere parte de su jugo, durante aproximadamente 10 minutos.
3. Introducir la mezcla en 2 frascos de conserva de boca ancha de 1 litro de capacidad. Presionar con fuerza hacia abajo hasta que el jugo desprendido supere el nivel alcanzado por la mezcla. La parte superior del líquido debe quedar alrededor de 2 centímetros por debajo de la boca de cada frasco.
5. Tapar bien los frascos y dejar que el *kimchi* fermente a temperatura ambiente en un área protegida de la luz solar directa durante unos 3 días.
6. Conservar el *kimchi* en envases bien cerrados en el frigorífico, donde puede durar hasta 1 año. El sabor de la preparación continúa intensificándose a medida que el *kimchi* «envejece».

Zanahoria con ajo

PARA PREPARAR 2 FRASCOS DE 1 LITRO DE CAPACIDAD

- SUERO DE LECHE COMO CULTIVO INICIADOR (OPCIONAL)
- FERMENTO LÁCTICO
- FERMENTACIÓN A TEMPERATURA AMBIENTE
- TIEMPO DE FERMENTACIÓN: 3 DÍAS

Estas zarahorias con un sabor levemente picante y con el aroma complementario del ajo constituyen un acompañamiento perfecto para pescados y hamburguesas. También se pueden añadir a la ensalada de col y a otras ensaladas para darles un toque de sabor complementario.

250 GRAMOS DE ZANAHORIAS CORTADAS EN TIRAS FINAS, BIEN APELMAZADAS

2 CUCHARADAS DE AJO PICADO

50 MILILITROS DE SUERO DE LECHE O 1 CUCHARADITA ADICIONAL DE SAL MARINA

1 CUCHARADA DE SAL MARINA

1. Mezclar la zanahoria, el ajo, el suero de leche, en caso de utilizarlo, y la sal en un bol grande.
2. Machacar la zanahoria con un mazo para carnes hasta que libere parte de su jugo, durante aproximadamente 10 minutos.
3. Introducir la mezcla en 2 frascos de conserva de boca ancha de 1 litro de capacidad.
4. Presionar con fuerza hacia abajo hasta que el jugo desprendido supere el nivel alcanzado por la mezcla. Si es necesario, añadir agua filtrada hasta cubrir por completo la zanahoria. La parte superior del líquido debe quedar alrededor de 2 centímetros por debajo de la boca de cada frasco.
5. Tapar bien los frascos y dejar que la zanahoria con ajo fermente a temperatura ambiente en un área protegida de la luz solar directa durante unos 3 días.
6. Conservar la zanahoria con ajo en envases bien cerrados en el frigorífico, donde pueden mantenerse hasta 1 año.

Cebollitas en conserva

PARA PREPARAR 2 FRASCOS DE 1/2 LITRO DE CAPACIDAD

- SUERO DE LECHE COMO CULTIVO INICIADOR (OPCIONAL)
- FERMENTO LÁCTICO
- FERMENTACIÓN A TEMPERATURA AMBIENTE
- TIEMPO DE FERMENTACIÓN: 3 DÍAS

Hoy día, la elaboración de cócteles artesanales hace furor. Estas deliciosas cebollitas en conserva permiten hacer alarde de habilidad coctelera a la hora de preparar, entre otros, el afamado cóctel Gibson.

1 KILO DE CEBOLLITAS PERLA PELADAS

250 MILILITROS DE AGUA FILTRADA, O MÁS, SI ES NECESARIO

50 MILILITROS DE SUERO DE LECHE O 1 CUCHARADITA ADICIONAL DE SAL MARINA

1 CUCHARADA DE SAL MARINA

1 CUCHARADA DE BAYAS DE ENEBRO

2 CUCHARADITAS DE CLAVOS ENTEROS

1 CUCHARADITA DE GRANOS DE PIMIENTA VERDE

4 RAMITAS DE ESTRAGÓN

1 VAINA DE CANELA

1 NUEZ MOSCADA PEQUEÑA, PARTIDA

1. Introducir las cebollitas en dos frascos de boca ancha de ½ litro de capacidad.
2. Para preparar la salmuera, mezclar el agua, el suero de leche, si se utiliza, la sal, las bayas de enebro, los clavos, los granos de pimienta verde, el estragón, la vaina de canela y la nuez moscada en un bol. Agitar hasta que la sal se haya disuelto.
3. Verter la salmuera sobre las cebollitas, prestando atención a distribuirla de modo uniforme entre los dos frascos. Añadir más agua filtrada si es necesario, hasta cubrir por completo las cebollitas. La parte superior del líquido debe quedar alrededor de 2 centímetros por debajo de la boca de cada frasco.
4. Tapar bien los frascos y dejar que las cebollitas fermenten a temperatura ambiente en un área protegida de la luz solar directa durante unos 3 días.
5. Conservar las cebollitas en envases bien cerrados en el frigorífico, donde pueden mantenerse hasta 1 año.

Remolacha en conserva

PARA PREPARAR 2 FRASCOS DE 1 LITRO DE CAPACIDAD

- SUERO DE LECHE COMO CULTIVO INICIADOR (OPCIONAL)
- FERMENTO LÁCTICO
- TIEMPO DE PREPARACIÓN DE LAS REMOLACHAS: UNAS 3 HORAS
- FERMENTACIÓN A TEMPERATURA AMBIENTE
- TIEMPO DE FERMENTACIÓN: 3 DÍAS

Las remolachas pueden manchar las manos, por lo que mientras se manipulan es conveniente utilizar guantes de cocina.

12 REMOLACHAS DE TAMAÑO MEDIANO

250 MILILITROS DE AGUA FILTRADA, O MÁS, SI ES NECESARIO

50 MILILITROS DE SUERO DE LECHE O 1 CUCHARADITA ADICIONAL DE SAL MARINA

1 CUCHARADA DE SAL MARINA

2 VAINAS DE CARDAMOMO (OPCIONALES)

1. Precalentar el horno a 150 °C. *(302°F)*
2. Raspar bien las remolachas y hacer en cada una de ellas varios cortes con un cuchillo pelador.
3. Colocar las remolachas sobre una placa de horno y hornearlas hasta que puedan cortarse con facilidad con un cuchillo, tras 2 horas y media o 3.
4. Cuando las remolachas se hayan enfriado lo suficiente como para manipularlas con la mano, retirarles la piel.
5. Cortar la remolacha en juliana fina (en trozos del grosor de una cerilla o un palillo).
6. Introducir la remolacha en 2 frascos de conserva de boca ancha de 1 litro de capacidad.
7. Aplastar bien la remolacha en los recipientes con un mazo o una cuchara de madera.
8. Para preparar la salmuera, combinar en un bol el agua, la sal, el suero de leche y el cardamomo, en caso de que estos dos últimos se utilicen, y agitar de modo continuo hasta que la sal se disuelva.

9. Verter la salmuera sobre la remolacha cortada, prestando atención a distribuirla de modo uniforme entre los dos frascos. Añadir más agua filtrada si es necesario, hasta cubrir por completo la preparación. La parte superior del líquido debe quedar alrededor de 2 centímetros por debajo de la boca de cada frasco.

10. Tapar bien los frascos y dejar que la remolacha fermente a temperatura ambiente en un área protegida de la luz solar directa durante unos 3 días.

11. Conservar la remolacha en envases bien cerrados en el frigorífico, donde pueden mantenerse hasta 1 año.

Pimientos rojos en conserva

PARA PREPARAR 2 FRASCOS DE 1/2 LITRO DE CAPACIDAD

- SUERO DE LECHE COMO CULTIVO INICIADOR (OPCIONAL)
- FERMENTO LÁCTICO
- TIEMPO DE PREPARACIÓN DE LOS PIMIENTOS: APROXIMADAMENTE 1 HORA
- FERMENTACIÓN A TEMPERATURA AMBIENTE
- TIEMPO DE FERMENTACIÓN: 3 DÍAS

Los pimientos asados a horno bajo adquieren una espléndida textura, en tanto que la fermentación les aporta una riqueza de sabor que los pimientos al natural no tienen. Para la elaboración de esta receta es importante utilizar pimientos de pulpa gruesa.

12 PIMIENTOS ROJOS CORTADOS EN CUARTOS A LOS QUE SE LES HAN RETIRADO LAS SEMILLAS

100 MILILITROS DE AGUA FILTRADA, O MÁS, SI ES NECESARIO

50 MILILITROS DE SUERO DE LECHE O 1 CUCHARADITA ADICIONAL DE SAL MARINA

1 CUCHARADA DE SAL MARINA

1. Precalentar el horno a 165 °C.
2. Colocar los pimientos en una sola capa sobre una placa de horno aceitada.
3. Asar los pimientos hasta que se formen «ampollas» sobre la piel y hasta que estén blandos, durante unos 20 o 30 minutos. Ir dándoles la vuelta para que se horneen uniformemente por todos sus lados.
4. Poner los pimientos en un bol y cubrirlos con papel film.
5. Cuando se hayan enfriado lo suficiente para poder manipularlos, retirarles las pieles.
6. Introducir los pimientos en 2 frascos de conserva de boca ancha de 1/2 litro de capacidad.
7. Para preparar la salmuera, combinar en un bol el agua, el suero de leche, si se utiliza, y la sal, y revolver continuamente hasta que la sal se disuelva.

8. Verter la salmuera sobre los pimientos. Añadir más agua filtrada si es necesario, hasta cubrir por completo la preparación. La parte superior del líquido debe quedar alrededor de 2 centímetros por debajo de la boca de cada frasco.

9. Tapar bien los frascos y dejar que los pimientos fermenten a temperatura ambiente en un área protegida de la luz solar directa durante unos 3 días.

10. Conservar los pimientos en envases bien cerrados en el frigorífico, donde pueden mantenerse hasta 1 año.

Berenjena en conserva

PARA PREPARAR 2 FRASCOS DE 1/2 LITRO DE CAPACIDAD

- FERMENTO LÁCTICO
- FERMENTACIÓN A TEMPERATURA AMBIENTE
- TIEMPO DE FERMENTACIÓN: 1 DÍA

Esta preparación puede tomarse como entrante de verduras o sobre una rebanada de pan tostado. En ocasiones también se sirve como acompañamiento de platos de pollo, pescado o marisco, salteados, a la plancha o al horno. Al ir a tomar un poco de esta elaboración, conviene sacarla del frasco con un tenedor o con una espumadera, de modo que el aliño sobrante vuelva a caer dentro de él. Una vez acabadas las berenjenas, el aceite aromatizado sobrante puede aprovecharse para aderezar un plato de pasta o de verduras cocidas o estofadas, como aliño para ensaladas o como base para saltear carnes, pescados o verduras.

4 BERENJENAS DE TAMAÑO MEDIANO, PELADAS Y CORTADAS, PRIMERO EN RODAJAS Y LUEGO EN TIRAS DE UNOS 2 CENTÍMETROS

2 PIMIENTOS ROJOS DE TAMAÑO MEDIANO, SIN TALLOS NI SEMILLAS Y CORTADOS EN TIRAS DE 1 CENTÍMETRO DE ANCHO

3 PIMIENTOS VERDES PICANTES, SIN TALLOS NI SEMILLAS Y CORTADOS EN TIRAS DE 1 CENTÍMETRO DE ANCHO

250 MILILITROS DE AGUA FILTRADA

1 CUCHARADA DE SAL

50 MILILITROS DE VINAGRE DE VINO TINTO

2 CUCHARADAS DE MIEL

12 DIENTES DE AJO PICADOS

1 CUCHARADA DE ORÉGANO FRESCO PICADO

1 CUCHARADA DE TOMILLO FRESCO PICADO

250 MILILITROS DE ACEITE DE OLIVA

2 CUCHARADITAS DE ALCAPARRAS ENVASADAS EN SALMUERA

10 ACEITUNAS VERDES, DESHUESADAS Y PICADAS

1. Colocar la berenjena y los pimientos rojos en un cazo o recipiente grande para preparar la conserva.
2. Para elaborar la salmuera, combinar el agua y la sal en un bol grande y remover hasta que la sal se haya disuelto.
3. Verter la salmuera sobre las verduras.
4. Amasar las tiras de berenjena con las manos hasta que suelten parte de su jugo, durante unos 10 minutos.
5. Cubrir de forma holgada con un paño para hacer queso o un paño normal limpio. Fijarlo al borde del recipiente con cuerda o con gomas elástica.
6. Colocar un plato sobre el paño que cubre la berenjena, añadiendo el peso suficiente como para que se mantenga sumergida (las indicaciones sobre como aplicar el peso durante la fermentación aparecen en la página 37).
7. Dejar que las hortalizas fermenten a temperatura ambiente en un área protegida de la luz solar directa durante 1 día.
8. Separarlas del líquido y colocarlas en un escurridor de verduras para sacarlas.
9. Para preparar el aliño, combinar el vinagre, la miel, los ajos, las alcaparras, las aceitunas, el orégano y el tomillo.
10. Añadir el aliño a las verduras y remover hasta que queden cubiertas de manera uniforme.
11. Introducir la mezcla en 2 frascos de conserva de boca ancha de 1/2 litro de capacidad.
12. Añadir a cada uno de los frascos aceite suficiente para cubrir por completo su contenido.
13. Conservar la berenjena en envases bien cerrados en el frigorífico, donde pueden mantenerse hasta 1 año.

Jengibre en conserva

PARA PREPARAR 2 FRASCOS DE 1/2 LITRO DE CAPACIDAD

- SUERO DE LECHE COMO CULTIVO INICIADOR (OPCIONAL)
- FERMENTO LÁCTICO
- FERMENTACIÓN A TEMPERATURA AMBIENTE
- TIEMPO DE FERMENTACIÓN: 3 DÍAS

Para pelar el jengibre suele utilizarse una cucharilla normal, con cuyo borde se raspa la piel, que se desprende con facilidad.

1 KILO Y MEDIO DE JENGIBRE FRESCO, PELADO Y CORTADO EN RODAJAS MUY FINAS

250 MILILITROS DE AGUA FILTRADA, O MÁS, SI ES NECESARIO

50 MILILITROS DE SUERO DE LECHE O 1 CUCHARADITA ADICIONAL DE SAL MARINA

1 CUCHARADA DE SAL MARINA

1. Machacar el jengibre con un mazo para carnes hasta que libere parte de su jugo, durante aproximadamente 10 minutos.
2. Introducir la mezcla en 2 frascos de conserva de boca ancha de 1/2 litro de capacidad.
3. Para preparar la salmuera, mezclar el agua, el suero de leche, si se utiliza, y la sal en un bol grande. Remover hasta que la sal se haya disuelto.
4. Verter la salmuera sobre el jengibre, prestando atención a distribuirla de modo uniforme entre los dos frascos. Añadir más agua filtrada si es necesario, hasta cubrir por completo el jengibre. La parte superior del líquido debe quedar alrededor de 2 centímetros por debajo de la boca de cada frasco.
5. Tapar bien los frascos y dejar que el jengibre fermente a temperatura ambiente en un área protegida de la luz solar directa durante unos 3 días.
6. Conservar el jengibre en envases bien cerrados en el frigorífico, donde pueden mantenerse durante 1 año.

Guarnición de maíz

PARA PREPARAR 2 FRASCOS DE 1/2 LITRO DE CAPACIDAD

- SUERO DE LECHE COMO CULTIVO INICIADOR (OPCIONAL)
- FERMENTO LÁCTICO
- FERMENTACIÓN A TEMPERATURA AMBIENTE
- TIEMPO DE FERMENTACIÓN: 3 DÍAS

Este tipo de guarnición es preferible a cualquier otra preparación de acompañamiento envasada que se pueda encontrar en las tiendas de alimentación. Al comprar mazorcas naturales (preferiblemente en verano, cuando están en plena temporada), pueden adquirirse 3 o 4 piezas de más para preparar con sus granos esta deliciosa elaboración.

1/2 KILO DE GRANOS DE MAÍZ COCIDOS

1 TOMATE PEQUEÑO, PELADO, SIN SEMILLAS Y CORTADO EN DADOS

1 CEBOLLA PEQUEÑA, PICADA

1/2 PIMIENTO ROJO

100 GRAMOS DE HOJAS DE CILANTRO PICADAS

1/4 DE CUCHARADITA DE COPOS DE PIMIENTA ROJA

50 MILILITROS DE SUERO DE LECHE O 1 CUCHARADITA ADICIONAL DE SAL MARINA

1 CUCHARADA DE SAL MARINA

1. Mezclar el maíz, el tomate, la cebolla, el pimiento rojo, el cilantro, los copos de pimienta roja, el suero de leche, en caso de utilizarlo, y la sal en un bol grande.
2. Machacar con suavidad la mezcla con un mazo para carnes hasta que libere parte de su jugo, durante aproximadamente 10 minutos.
3. Introducirla en 2 frascos de conserva de boca ancha de 1/2 litro de capacidad.
4. Presionar con fuerza hacia abajo hasta que el jugo desprendido supere el nivel alcanzado por la mezcla.
5. Tapar bien los frascos y dejar que la guarnición fermente a temperatura ambiente en un área protegida de la luz solar directa durante unos 3 días.
6. Conservar la guarnición de maíz en envases bien cerrados en el frigorífico, donde puede mantenerse hasta 1 año.

Pepinillos con ajo y eneldo

PARA PREPARAR 2 FRASCOS DE 1 LITRO DE CAPACIDAD

- FERMENTO LÁCTICO
- FERMENTACIÓN A TEMPERATURA AMBIENTE
- TIEMPO DE FERMENTACIÓN: 3 DÍAS

Resulta difícil de creer que un proceso tan sencillo como el de esta preparación proporcione unos pepinillos agrios y crujientes, tan deliciosos como adictivos. Los más adecuados para realizarla son los de tipo Kirby, pequeños pepinos de origen inglés con leves protuberancias. Además de ser del tamaño más apropiado, su piel carece de recubrimiento céreo.

6 PEPINILLOS PARA CONSERVA

1 CUCHARADA DE SEMILLAS DE MOSTAZA

4 DIENTES DE AJO MEDIANOS

2 RAMAS DE ENELDO FRESCO

500 MILILITROS DE AGUA FILTRADA, O MÁS, SI ES NECESARIO

4 CUCHARADAS Y MEDIA DE SAL MARINA

1. Lavar, frotando bien la piel, los pepinillos.
2. Introducirlos en dos frascos de boca ancha de 1 litro de capacidad.
3. Dividir uniformemente las semillas de mostaza, los dientes de ajo y el eneldo entre ambos frascos.
4. Mezclar el agua y la sal y distribuirla a partes iguales en los dos frascos.
5. Añadir más agua filtrada, si es necesario, hasta cubrir por completo los pepinillos.
6. Tapar bien los frascos y dejar fermentar a temperatura ambiente en un área protegida de la luz solar directa durante unos 3 días.
7. Conservar los pepinillos con ajo y eneldo en envases bien cerrados en el frigorífico, donde pueden mantenerse hasta 1 año.

Salsa mexicana «pico de gallo» con tomate

PARA PREPARAR 2 FRASCOS DE 1/2 LITRO DE CAPACIDAD

- SUERO DE LECHE COMO CULTIVO INICIADOR (OPCIONAL)
- FERMENTO LÁCTICO
- FERMENTACIÓN A TEMPERATURA AMBIENTE
- TIEMPO DE FERMENTACIÓN: 2 DÍAS

Dejar que la salsa «pico de gallo»* fermente antes de tomarla le aporta una sutil riqueza de sabor a este acompañamiento de uso tan habitual en la cocina mexicana y Tex-Mex. Esta salsa fermentada es excelente para mojar nachos y rellenar tortillas mexicanas, así como para acompañar a pescados o pollo y como ingrediente del chile (con carne o solo), las enchiladas y los burritos.

4 TOMATES DE TAMAÑO MEDIANO, PELADOS, SIN SEMILLAS Y CORTADOS EN DADOS

2 CEBOLLAS PEQUEÑAS FINAMENTE PICADAS

50 GRAMOS DE CHILE PICANTE PICADO

6 DIENTES DE AJO

1 MANOJO DE CILANTRO PICADO

1 CUCHARADITA DE ORÉGANO SECO

EL ZUMO DE 2 LIMAS MEDIANAS

50 MILILITROS DE AGUA FILTRADA, O MÁS, SI ES NECESARIO

50 MILILITROS DE SUERO DE LECHE O 1 CUCHARADITA ADICIONAL DE SAL MARINA

1 CUCHARADA DE SAL MARINA

1. Mezclar los tomates, las cebollas, el chile, el ajo, el cilantro, el orégano, el zumo de lima, el agua, el suero de leche y la sal en un bol grande.

---

*   En la gastronomía mexicana se conocen como salsas «pico de gallo» diversas salsas y ensaladas de verduras y hortalizas y, a veces frutas, picadas, empleadas como acompañamiento de numerosos platos. La más conocida es la mezcla de tomate, cebolla y chile.

2. Pasar la mezcla a dos envases para conserva de ½ litro de capacidad.
3. Presionarla para eliminar las burbujas de aire y para hacer que el líquido cubra hasta superar el nivel de las hortalizas. Añadir más agua si es necesario para conseguirlo. La parte superior del líquido debe quedar alrededor de 2 centímetros por debajo de la boca de cada frasco
4. Tapar bien los frascos y dejar fermentar a temperatura ambiente en un área protegida de la luz solar directa durante unos 2 días.
5. Conservar la salsa «pico de gallo» en envases bien cerrados en el frigorífico, donde pueden mantenerse durante 1 año.

CAPÍTULO 6

Frutas

La elaboración de *chutneys* y otras guarniciones fermentadas a base de frutas no es más difícil que la de preparaciones a base de verduras y hortalizas. Las conservas fermentadas de frutas no duran tanto como otros fermentos y suelen tender a transformarse en alcohol, y este es precisamente el objetivo de algunas de las recetas. La adición de azúcar o alcohol al plato aporta sabor y ayuda a crear un entorno que dificulta el deterioro del alimento. De hecho, en el centro y norte de Europa ha sido muy apreciada durante cientos de años una elaboración fermentada a base de frutas, el llamando en alemán *rumtopf*, producido en una primera tanda por partes iguales de azúcar y fruta a las que se añade algún tipo de brandy, endulzando después la mezcla con miel y ron negro o brandy.

Según se van cosechando las frutas de temporada, se incorporan a la combinación, de modo que al llegar la Navidad se puede disponer de frutas fermentadas para todos los gustos.

Chutney de pera

PARA PREPARAR 2 FRASCOS DE 1/2 LITRO DE CAPACIDAD

- SUERO DE LECHE COMO CULTIVO INICIADOR (OPCIONAL)
- FERMENTO LÁCTICO
- FERMENTACIÓN A TEMPERATURA AMBIENTE
- TIEMPO DE FERMENTACIÓN: 2 DÍAS

120 MILILITROS DE AGUA FILTRADA, O MÁS, SI ES NECESARIO

3 CUCHARADAS DE AZÚCAR

50 MILILITROS DE SUERO DE LECHE O 1 CUCHARADITA ADICIONAL DE SAL MARINA

2 CUCHARADAS DE SAL MARINA

EL ZUMO Y LA CÁSCARA DE 2 LIMONES MEDIANOS

200 GRAMOS DE PERA, PELADA, SIN EL CORAZÓN Y CORTADA EN DADOS

100 GRAMOS DE NUECES TOSTADAS

100 GRAMOS DE PASAS

1 CUCHARADITA DE SEMILLAS DE COMINO

1 CUCHARADITA DE SEMILLAS DE HINOJO

1 CUCHARADITA DE SEMILLAS DE CILANTRO

½ CUCHARADITA DE GRANOS DE PIMIENTA VERDE

½ CUCHARADITA DE COPOS DE PIMIENTA ROJA

½ CUCHARADITA DE TOMILLO SECO

1. Para preparar la salmuera, combinar el agua, el azúcar, el suero de leche, si se utiliza, la sal y la cáscara y el zumo de limón, removiendo la mezcla hasta que la sal se disuelva e incorporando después los dados de pera y revolviendo la fruta para que se impregne bien.

2. Añadir las nueces, las pasas, las semillas de comino, hinojo y cilantro, los granos de pimienta verde y los copos de pimienta roja, y el tomillo. Introducir el *chutney* en 2 frascos de conserva de boca ancha de 1/2 litro de capacidad. Añadir más agua filtrada si es necesario, hasta cubrir por completo la fruta. La parte superior del líquido debe quedar alrededor de 2 centímetros por debajo de la boca de cada frasco.

3. Dejar que el *chutney* fermente a temperatura ambiente durante 2 días.

4. Conservar el *chutney* en frascos bien cerrados en el frigorífico, donde puede mantenerse hasta 2 meses.

Chutney de piña picante

PARA PREPARAR 2 FRASCOS DE 1 LITRO DE CAPACIDAD

- SUERO DE LECHE COMO CULTIVO INICIADOR (OPCIONAL)
- FERMENTO LÁCTICO
- FERMENTACIÓN A TEMPERATURA AMBIENTE
- TIEMPO DE FERMENTACIÓN: 2 DÍAS

Esta receta proporciona ingredientes para dos tipos de alimentos fermentados. La cáscara y el corazón de la piña pueden emplearse para elaborar vinagre de piña (página 120)

1 PIÑA DE TAMAÑO MEDIANO

1 MANOJO DE CILANTRO PICADO

½ CEBOLLA ROJA PEQUEÑA, PELADA Y FINAMENTE PICADA

½ PIMIENTO ROJO MEDIANO, SIN SEMILLAS Y CORTADO EN DADOS

1 CHILE JALAPEÑO MEDIANO, SIN SEMILLAS Y FINAMENTE CORTADO

1 CUCHARADA DE JENGIBRE FRESCO PASADO POR UN RALLADOR GRUESO

100 MILILITROS DE AGUA FILTRADA, O MÁS, SI ES NECESARIO

2 CUCHARADAS DE ZUMO DE LIMA

50 MILILITROS DE SUERO DE LECHE O 1 CUCHARADITA ADICIONAL DE SAL MARINA

1 CUCHARADITA DE SAL MARINA

1. Cortar los extremos superior e inferior de la piña y retirar la piel lateral con un cuchillo bien afilado. Cortar la piña en cuartos verticalmente y retirar la parte del corazón central. Cortar la pulpa de cada cuarto en trozos pequeños.
2. Mezclar la piña, el cilantro, la cebolla roja, el pimiento rojo, el jalapeño y el jengibre en un bol grande y revolver bien los ingredientes.
3. Para preparar la salmuera, mezclar el agua, el zumo de lima, el suero de leche, si se utiliza, y la sal, agitando hasta que esta se disuelva.

4. Introducir la mezcla en 2 frascos de conserva de boca ancha de 1/2 litro de capacidad. Presionar suavemente hacia abajo con un mazo de cocina o una cuchara de madera. Distribuir de manera uniforme la salmuera en los dos frascos. Añadir más agua filtrada si es necesario hasta cubrir el *chutney* por completo. La parte superior del líquido debe quedar alrededor de 2 centímetros por debajo de la boca de cada frasco.
5. Dejar que el *chutney* fermente a temperatura ambiente durante unos 2 días.
6. Conservar el *chutney* en los frascos bien cerrados en el frigorífico hasta 4 meses.

Limones en conserva

PARA PREPARAR 1 FRASCO DE 1 LITRO DE CAPACIDAD

- FERMENTO LÁCTICO
- FERMENTACIÓN A TEMPERATURA AMBIENTE
- TIEMPO DE FERMENTACIÓN: 2 SEMANAS

6 LIMONES DE TAMAÑO MEDIANO, PREFERIBLEMENTE DE CULTIVO ORGÁNICO Y DE CÁSCARA FINA

50 GRAMOS DE SAL MARINA

ZUMO DE LIMÓN EN CANTIDAD SUFICIENTE PARA CUBRIR LOS LIMONES

1. Para preparar los limones, se comienza cortando las puntas de los extremos. Cortar los limones en cuartos. Los cortes longitudinales deben practicarse de arriba abajo, aunque dejando en el borde inferior una pequeña parte sin cortar, de modo que el cuarto no se desprenda del todo del limón. Espolvorear parte de la sal entre los cortes de cada limón.
2. Introducir la mezcla en 1 frasco de conserva de boca ancha de 1 litro de capacidad. Presionar hacia abajo hasta con un mazo de cocina o una cuchara de madera. Apretar con firmeza hasta que los limones desprendan su jugo. Añadir más zumo de limón si es necesario, hasta cubrir los limones por completo. La parte superior del líquido debe quedar alrededor de 2 centímetros por debajo de la boca del frasco.
3. Fermentar los limones a temperatura ambiente durante 2 semanas, agitando y volteando el frasco varias veces al menos una vez al día.
4. Conservar los limones en un frasco bien cerrado en el frigorífico hasta 4 meses.

Mermelada de naranja amarga

PARA PREPARAR 2 FRASCOS DE 1/2 LITRO DE CAPACIDAD

- SUERO DE LECHE COMO CULTIVO INICIADOR (OPCIONAL)
- FERMENTO LÁCTICO
- FERMENTACIÓN A TEMPERATURA AMBIENTE
- TIEMPO DE FERMENTACIÓN: 3 DÍAS

4 NARANJAS AMARGAS DE TAMAÑO MEDIANO

120 MILILITROS DE AGUA FILTRADA

50 GRAMOS DE AZÚCAR

50 MILILITROS DE SUERO DE LECHE O 1 CUCHARADITA ADICIONAL DE SAL MARINA

1 CUCHARADA DE SAL MARINA

ZUMO DE NARANJA, SI ES NECESARIO

1. Para preparar las naranjas, cortarlas en cuartos y cortar a continuación cada cuarto en rodajas finas. Retirar y desechar las semillas.
2. Distribuir de modo uniforme los trozos de naranja cortados en 2 frascos de conserva de boca ancha de 1/2 litro de capacidad. Presionar hacia abajo con firmeza con un mazo de cocina o una cuchara de madera, hasta que las naranjas desprendan su zumo.
3. Para preparar la salmuera, mezclar el agua, el azúcar, el suero de leche, si se utiliza, y la sal. Verter la salmuera sobre las naranjas, prestando atención a distribuirla de modo uniforme entre los dos frascos. Añadir zumo de naranja o agua si es necesario, hasta cubrir por completo las naranjas. La parte superior del líquido debe quedar alrededor de 2 centímetros por debajo de la boca de cada frasco.
4. Dejar fermentar la mermelada a temperatura ambiente durante 3 días.
5. Conservar la mermelada en frascos bien cerrados en el frigorífico hasta 2 meses.

Recuerda: Si en la superficie de la mermelada aparecen manchas blancas, deben retirarse con una cuchara y desecharse. La mermelada continúa siendo apta para consumo en condiciones seguras.

CAPÍTULO 7

Lácteos

Las múltiples variedades de leche agria se han venido tomando desde el momento en que los humanos domesticaron al ganado. Antes de que se inventaran sistemas para conservar la leche fresca durante periodos prolongados, esta se cortaba y agriaba de modo espontáneo cuando se dejaba reposar. En nuestra época en la mayoría de las circunstancias es posible bajar a la tienda y comprar un cartón de leche, cuando el contenido del que tenemos en casa se ha estropeado, formándose grumos o haciéndose más denso. Sin embargo, antes de que la refrigeración de los alimentos fuera algo habitual, la gente se veía obligada a ingeniárselas para obtener nutrientes de todo aquello que se pudiera comer.

Los beneficios del yogur como elemento constituyente de una dieta sana se han venido reconociendo de forma unánime desde hace décadas. A menudo se recuerda que entre las poblaciones euroasiáticas de Georgia, en el Cáucaso, son numerosas las personas que llegan a vivir más de cien años alimentándose con una dieta que comprende cantidades abundantes de yogur. Los cultivos vivos presentes en el yogur ayudan a poblar el intestino con bacterias beneficiosas que fomentan la salud digestiva. En general, a las personas que reciben tratamientos prolongados con antibióticos, que tienden a provocar la muerte de las bacterias que forman la flora intestinal, se les suele indicar que tomen yogur en abundancia una vez terminados dichos tratamientos. Ciertas bebidas lácteas con cultivos, como el kéfir o el suero de mantequilla, han perdido aceptación, salvo para los entusiastas de los alimentos sanos, si bien, ante el creciente interés por los alimentos y la cocina tradicionales, cabe prever que en breve plazo recuperen protagonismo.

A menudo las personas que padecen intolerancia a la lactosa sí pueden tomar en cambio productos lácteos fermentados, ya que los microbios presentes, por ejemplo, en el yogur, se nutren de la lactosa de la leche y la convierten en ácido láctico. En consecuencia, dado que la intolerancia que se experimenta es contra la lactosa, no contra el ácido láctico, en estos casos no se registran reacciones adversas.

SOBRE EL QUESO

Clifton Fadiman, conocido ensayista y editor estadounidense, en cierta ocasión definió el queso como «el salto de la leche hacia la inmortalidad». Si nos paramos a pensar, el queso no es más que leche a la que se ha dejado fermentar. En todos y cada uno de los pasos de la transformación de la leche líquida en queso sólido, se siguen los procesos básicos de la fermentación. Los microorganismos fermentadores consumen los diferentes nutrientes que encuentran en el alimento, transformándolos en ácido láctico. Esta conversión reduce el pH de la leche y los ácidos o las enzimas se introducen en el proceso, con objeto de estimular la coagulación de las proteínas de la leche, que pasa a ser cuajada. Habitualmente, al queso se le añade sal (aunque en diferentes etapas del proceso en los distintos quesos), a fin de ayudar a controlar la evolución de la fermentación, así como para que actúe como agente conservante y saborizante. La masa cuajada se separa del líquido, y se le da forma, pasando a continuación a un periodo de envejecimiento, a lo largo del cual pueden añadirse, o no, mohos, inyectados o frotados sobre la superficie del queso. Cada queso tiene sus propias características y sobre ellas se han escrito libros enteros; algunos maestros queseros han llegado incluso a ver reconocida su labor con grados de doctorado.

Los quesos naturales, distintos de los procesados industrialmente, son alimentos vivos y, al igual que les sucede a los vinos, continúan evolucionando a medida que envejecen. El proceso de maduración, curado y envejecimiento de los quesos tradicionales requiere condiciones muy específicas, a menudo difíciles de reproducir en cualquier lugar y que se dan solamente en localizaciones geográficas concretas. Todos los grandes quesos del mundo maduran en tipos específicos de bodegas y ponen de manifiesto el modo en el que una comunidad microbiana tipifica de modo indeleble aquellos alimentos que proceden de una determinada región.

DISFRUTAR DE LOS ALIMENTOS LÁCTEOS FERMENTADOS

La incorporación a la leche o la nata de un derivado lácteo que cuenta ya con ciertos cultivos establecidos, como el yogur o el suero de mantequilla, da lugar a la transformación de aquellas en algo distinto. El resultado depende del tipo de leche que se elija; así, es posible optar por leche entera o de bajo contenido en grasas, por combinaciones de leche y nata o solo por nata.

Cada una de las recetas incluidas en el presente capítulo permite elaborar una deliciosa preparación de la que puede disfrutarse por sí sola. Sin embargo, ello no implica que no sea posible que estas elaboraciones se enriquezcan de alguna manera. Entre las diferentes opciones hay algunas muy sencillas, como la incorporación de rodajas de fruta y de frutos secos. El yogur puede combinarse con cereales o granola para preparar un *parfait*, y el kéfir puede mezclarse con fruta fresca en deliciosos batidos. Asimismo, la crema fresca (*crème fraîche*) es un excelente complemento para añadir a salsas, curris y sopas, a los que enriquece y suaviza.

Sin duda son muchas las recetas de productos horneados que cuentan entre sus ingredientes con suero de mantequilla; cabe mencionar entre ellas preparaciones como el pan de maíz, las galletas y bollos, las tortitas o los gofres. Las leches agrias contienen cantidades abundantes de ácido láctico. Este ácido, combinado con otros ingredientes, sobre todo con bicarbonato sódico, en una mezcla para masas aporta un toque delicioso y una textura suave (o crujiente), además de proporcionar sutiles aromas ácidos a los productos horneados.

Por otro lado, el suero de leche, el yogur o el kéfir sirven para elaborar excelentes marinadas para carnes, aves de corral y pescados, además de para ablandar y potenciar el sabor de las carnes.

Crema fresca

PARA PREPARAR 1 FRASCO DE 1/2 LITRO DE CAPACIDAD

- INICIADOR DE SUERO DE MANTEQUILLA, ADQUIRIDO O PREPARADO EN CASA (PÁGINA 73)
- FERMENTACIÓN A TEMPERATURA AMBIENTE
- TIEMPO DE FERMENTACIÓN: DE 18 A 20 HORAS

La crema fresca (*crème fraîche*) es una de las más sencillas elaboraciones lácteas fermentadas que pueden hacerse. Todo lo que se necesita es un frasco limpio con su correspondiente tapa, algo de nata líquida y un poco de suero de mantequilla. Este último es el que aporta el cultivo que da densidad a la nata y le proporciona un sabor levemente ácido. Quienes elaboren su propio suero de mantequilla (véase página 73) deben, lógicamente, utilizarlo en esta elaboración; no obstante, el que se comercializa en tiendas de alimentación también permite obtener una crema fresca de excelente calidad. Se emplea como aderezo de salsas y sopas y también para untar sobre tostadas o cualquier otro tipo de elaboración que combine bien con las cremas agrias de diferentes tipos.

450 MILILITROS DE NATA LÍQUIDA PARA MONTAR (SI ES POSIBLE NO ULTRAPASTEURIZADA)
1 CUCHARADA DE SUERO DE MANTEQUILLA

1. Mezclar y agitar bien la nata y el suero de mantequilla en un frasco limpio de ½ litro.
2. Tapar el frasco y dejar que la crema fresca fermente en un ambiente cálido y oscuro, a unos 21 °C, hasta que adquiera la consistencia apropiada, en un plazo de entre 18 y 20 horas. La crema ha de presentar un aroma dulce y denso y un sabor mantecoso, levemente ácido.
3. Puede consumirse de inmediato, o bien conservarse en el frigorífico en el frasco bien tapado, hasta 2 semanas.

Nota: la crema fresca se añade a menudo a sopas y salsas, a las que enriquece con un suave matiz agrio. Asimismo, resalta y potencia los sabores de elaboraciones como la tarta de queso.

Suero de mantequilla cultivado

PARA PREPARAR 2 LITROS

- INICIADOR DE SUERO DE MANTEQUILLA, ADQUIRIDO O DE UNA PREPARACIÓN PREVIA
- FERMENTACIÓN A TEMPERATURA AMBIENTE
- TIEMPO DE FERMENTACIÓN: DE 14 A 16 HORAS

Si se conoce a alguien que prepare su propio suero de mantequilla, es posible pedirle un poco para emplearlo como iniciador para la primera elaboración de este suero. A continuación basta con guardar un poco para utilizarlo como iniciador en futuras preparaciones.

2 LITROS DE LECHE ENTERA

20 MILILITROS DE SUERO DE MANTEQUILLA, DE UNA PREPARACIÓN PREVIA O PRODUCIDO COMERCIALMENTE

1. Mezclar y agitar la leche y el suero de mantequilla en un frasco limpio de 2 litros de capacidad.
2. Tapar el frasco y dejar que el suero de mantequilla fermente en un ambiente cálido y oscuro, a unos 26 °C, hasta que adquiera la consistencia apropiada, densa y de aspecto ligeramente cuajado, en un plazo de entre 14 y 16 horas.
3. Puede consumirse de inmediato, o bien conservarse en el frigorífico en el frasco bien tapado, hasta 2 semanas. Conviene reservar unos 50 mililitros de suero para la siguiente preparación.

Yogur griego

PARA PREPARAR 2 LITROS

- INICIADOR DE YOGUR NATURAL, ADQUIRIDO O DE UNA PREPARACIÓN PREVIA
- INCUBACIÓN A 30-32 °C
- TIEMPO DE FERMENTACIÓN: DE 20 A 24 HORAS

Determinar la cantidad más idónea de iniciador que hay que añadir a la leche para conseguir la textura y el sabor deseados puede requerir un poco de experimentación. Con esta receta se obtiene un yogur denso y cremoso, aunque, si se prefiere que su consistencia sea aún más firme, puede dejarse que escurra envuelto en un paño para hacer queso colocado en un colador sobre un bol. El suero de leche que se recoja en el bol puede conservarse en un frasco bien tapado en el frigorífico. Es posible utilizarlo para prepar la salmuera de pepinillos y otras hortalizas en conserva.

2 LITROS DE LECHE ENTERA

3 CUCHARADAS DE YOGUR NATURAL

1. En un cazo o sartén de acero inoxidable calentar lentamente la leche hasta alcanzar una temperatura de unos 80 °C.
2. Retirar el recipiente del calor y dejar que la leche se enfríe hasta unos 45 °C. Incorporar poco a poco el yogur. Verter la mezcla en un frasco de 2 litros de capacidad. Taparlo y dejar fermentar a 30-32 °C hasta que el fermento adquiera una consistencia firme y uniforme, durante entre 20 y 24 horas.
3. El yogur puede consumirse de inmediato, o bien conservarse en el frigorífico, en el frasco bien tapado, durante un máximo de 2 semanas. Conviene reservar 3 cucharadas de yogur para utilizarlo la siguiente vez que se prepare.

Mantequilla y suero de mantequilla cultivados

PARA PREPARAR 250 GRAMOS DE MANTEQUILLA

Esta receta permite obtener tanto mantequilla como suero de mantequilla. El suero que se consigue con ella ya está cultivado, puesto que para elaborar la receta se parte de nata cultivada, la de la crema fresca. El suero se usa como bebida, en cocciones y horneados o como iniciador para una ulterior preparación de suero de mantequilla (página 73)

1 LITRO DE CREMA FRESCA (PÁGINA 72)

1   Batir la crema fresca en una batidora o en un procesador de alimentos hasta que comiencen a formarse grumos de mantequilla.
2. Verter la crema fresca en un colador recubierto por un paño para hacer queso.
3. Dejar que el líquido (suero de mantequilla) escurra pasando al bol.
4. Pasar la mantequilla a un bol de acero inoxidable.
5. Trabajar la mantequilla con una cuchara o pala de madera, aplastándola todo lo posible para extraer la mayor cantidad de suero que se pueda.
6. Lavar la mantequilla con agua fría y formar con ella una bola.
7. La mantequilla puede consumirse de inmediato, o bien conservarse en el frigorífico en un envase bien tapado, durante un máximo de 2 semanas.

Recuerda: Para enriquecer el sabor de la mantequilla es posible añadirle 1/2 cucharadita de sal, especias, hierbas o un poco de un queso de sabor intenso rallado. Otra opción es agregar ajo, perejil o cebollino frescos, picados.

Kéfir

PARA PREPARAR 1 LITRO

- GRÁNULOS DE KÉFIR LÁCTEO
- FERMENTACIÓN CON TEMPERATURA CÁLIDA, DE 23 A 25 °C
- TIEMPO DE FERMENTACIÓN: DE 18 A 24 HORAS

Dependiendo de la temperatura y de la duración de la fermentación, el kéfir puede ser a veces ligeramente efervescente. Para darle sabor a esta bebida es posible mezclar el kéfir completamente fermentado con frutas frescas para preparar con él un batido.

1 CUCHARADA DE GRÁNULOS DE KÉFIR**

½ LITRO DE LECHE ENTERA (VÉASE NOTA) Y UN POCO MÁS PARA PARA ENJUAGAR Y CONSERVAR LOS GRÁNULOS DE KÉFIR

50 MILILITROS DE NATA LÍQUIDA PARA MONTAR (VÉASE NOTA)

1. Escurrir y enjuagar los gránulos de kéfir con agua o con leche frías.
2. Combinar la leche y la nata en un frasco para conservas transparente de 1 litro de capacidad.
3. Añadir los gránulos de kéfir.
4. Tapar el frasco y dejar fermentar a entre 24 y 27 °C hasta que el líquido adquiera una consistencia densa y un suave sabor agrio, en un intervalo de entre 18 y 24 horas.
5. Utilizar un colador o una espumadera para extraer con cuidado los gránulos de kéfir de la preparación. Enjuagarlos con un poco de leche fría. Pasarlos a un frasco limpio y agregar leche hasta cubrirlos.
6. El kéfir puede tomarse de inmediato, o bien conservarse en el frigorífico en un envase bien tapado, durante un máximo de 2 semanas.

---

*   Puede utilizarse cualquier tipo de leche láctea, como la de vaca, la de cabra o la de oveja, así como leches no lácteas, como las de coco, almendra o soja. Aun cuando se emplee una leche no láctea, los gránulos de kéfir deben conservarse en leche. Si se utiliza kéfir en polvo en vez de gránulos de kéfir deben poderse preparar cultivos de dos porciones y, si es posible tres, reservando aproximadamente 50 mililitros del kéfir y añadiéndole más leche y nata. El uso de la nata líquida es opcional; si no se emplea, el kéfir resultante será algo menos cremoso, pero igualmente denso y pleno de sabor. Cabe la posibilidad de reemplazar la nata por más leche o bien de no sustituirla por nada. El kéfir se emplea también en la elaboración de queso crema (página 77).

Queso crema y suero de leche

PARA PREPARAR UNOS 250 GRAMOS DE QUESO CREMA
Y 750 MILILITROS DE SUERO DE LECHE

- INICIADOR DE SUERO DE MANTEQUILLA, ADQUIRIDO EN TIENDAS O PREPARADO EN CASA (PÁGINA 73)
- FERMENTACIÓN A TEMPERATURA CÁLIDA, DE ENTRE 24 Y 27 °C
- TIEMPO DE FERMENTACIÓN: DE 14 A 16 HORAS

Con esta receta, además del queso, se obtienen unos 3/4 de litro de suero de leche, que puede guardarse para utilizarlo en fermentos lácteos o como líquido para cocinar.

1 LITRO DE LECHE ENTERA
3 CUCHARADAS DE SUERO DE MANTEQUILLA

1. Mezclar la leche y el suero de mantequilla en un frasco limpio.
2. Tapar el frasco y dejar que la mezcla fermente en un ambiente cálido y oscuro, a una temperatura de entre 24 y 27 °C, hasta que adquiera una consistencia densa y levemente cuajada o grumosa, en un plazo de entre 14 y 16 horas.
3. Disponer sobre un colador un paño para hacer queso o una bolsa para escurrir mermelada. Colocar el queso crema fermentado en el colador y dejar que escurra el suero de leche que se desprende de él a un bol dispuesto bajo el colador, hasta que deje de gotear, una vez transcurrido un tiempo de 6 a 8 horas.
4. Atar las esquinas del paño para hacer queso al mango de una cuchara de madera. Dejar el queso crema suspendido sobre el colador y permitir que continúe escurriendo hasta que se haya filtrado todo el líquido.
5. Pasar el queso a un envase raspando bien el paño.
6. El queso crema puede consumirse de inmediato, o bien conservarse en el frigorífico en un envase bien tapado, durante un máximo de 2 semanas.

Queso fresco (requesón)

PARA PREPARAR UN FRASCO DE ½ LITRO DE CAPACIDAD

- ZUMO DE LIMÓN PARA CUAJAR LA LECHE
- INCUBACIÓN A 30-32 °C
- TIEMPO DE FERMENTACIÓN: DE 10 A 12 HORAS

1 LITRO DE LECHE ENTERA

2 CUCHARADAS DE ZUMO DE LIMÓN

1. En un cazo o sartén calentar lentamente la leche a fuego bajo hasta 95 °C
2. Retirar el cazo del fuego y dejar que la leche se enfríe hasta unos 45 °C.
3. Ir añadiendo poco a poco el zumo de limón, mientras se agita la leche.
4. Tapar el cazo y dejar que la leche fermente a una temperatura de entre 30 y 32 °C hasta que se hayan formado grumos grandes y se haya separado de ellos un líquido amarillento, después de trascurridas entre 10 y 12 horas.
5. Verter los grumos a un colador cubierto con un paño para hacer queso y colocado sobre un bol. Dejar que el suero continúe escurriendo del bol hasta que la leche cuajada haya desprendido el suero suficiente y la textura del queso fresco sea la más adecuada, tras un plazo de unas 4 horas.
6. Pasar el queso fresco a un envase raspando bien el paño.
7. Conservar en el frigorífico en un envase bien tapado, durante un máximo de 2 semanas.

Cuajo y cuajada

PARA PREPARAR UNOS 250 GRAMOS DE CUAJO O CUAJADA

- INICIADOR DE SUERO DE MANTEQUILLA, ADQUIRIDO EN TIENDAS O PREPARADO EN CASA (PÁGINA 73)
- INCUBACIÓN A UNA TEMPERATURA DE ENTRE 26 Y 30 °C
- TIEMPO DE FERMENTACIÓN: DE 12 A 14 HORAS

La utilización de leche cruda es la única forma de elaborar cuajo y cuajada al modo tradicional. Sin embargo, es posible conseguir una buena aproximación a este producto a partir de leche pasteurizada, a la que se le añade un cultivo, por ejemplo, de suero de mantequilla o de yogur natural.

1 LITRO DE LECHE

2 CUCHARADITAS DE SUERO DE MANTEQUILLA

1. Mezclar la leche y el suero de mantequilla en un frasco para conserva de 1 litro de capacidad.
2. Tapar el frasco y dejar que la mezcla fermente a una temperatura de entre 26 y 30 °C, hasta que se forme una superficie cuajada y se desprenda un líquido amarillento separado de ella, en un plazo de entre 12 y 14 horas.
3. Retirar el líquido del cuajo o la cuajada y pasar esta a un frasco o un plato.
4. Estos fermentados lácteos pueden consumirse de inmediato, o bien conservarse en el frigorífico en un envase bien tapado, durante un máximo de 2 semanas.

Recuerda: La cuajada tiene una textura y un sabor similares a los de la crema agria, a la que puede reemplazar en diversas elaboraciones. Se sirve ligeramente endulzada, mezclada con frutas o como cobertura de tartas y púdines.

CAPÍTULO 8

Legumbres

Las legumbres fermentadas presentan un sabor característico, levemente salado. Entre sus múltiples variantes se cuentan las alubias negras fermentadas chinas, diversas pastas y masas a base de legumbres, el *tofu*, el *tempeh* o el *miso*.

Elaborar en casa *miso*, pasta aromatizada a base de soja y cereales originaria de las gastronomías china y japonesa, es perfectamente posible, siempre que se pueda habilitar un entorno relativamente estable y de temperatura uniforme constante, de entre 15 y 18 °C. En el proceso de elaboración del *miso* y de otros productos fermentados a base de legumbres es posible que se generen olores, a veces intensos, por lo que es conveniente mantenerlos aislados de las habitaciones en las que se suele estar durante el tiempo de fermentación. Hay otras deliciosas preparaciones de legumbres fermentadas que se pueden elaborar en menos tiempo que el *miso*, que requiere de 6 a 10 meses para poder disfrutar de su singular sabor.

Las legumbres son un alimento rico en proteínas y que constituyen una excelente fuente de hidratos de carbono complejos, vitaminas y minerales. Desafortunadamente, también contienen unos compuestos denominados oligosacáridos, que pueden repercutir de forma negativa en la digestión. Algunas personas son de hecho propensas a sufrir molestos y embarazosos síntomas gastrointestinales cuando toman legumbres. Al fermentarlas, ya sea antes o ya sea después de cocinarlas, se consigue que estos alimentos contengan ya predigeridos los componentes causantes de tales trastornos digestivos.

Las legumbres que se fermentan antes de la cocción deben cocinarse posteriormente, lo que implica que los microorganismos vivos presentes en ellas son eliminados al proceder a su preparación. No obstante, se mantienen los beneficios relativos a su mejor sabor y a su mayor digestibilidad.

Para fermentarlas antes de cocinarlas, el proceso que se sigue es el mismo que en la preparación de cualquier tipo de legumbres:

1. Seleccionar las legumbres, eliminando las que tengan un aspecto demasiado seco, estén arrugadas o presenten signos de moho u otras alteraciones.

2. Enjuagarlas bien con agua corriente fría en abundancia.
3. Disponer las legumbres lavadas en un recipiente grande (en la mayoría de los casos pueden aumentar su volumen hasta tres veces a medida que absorben el agua).
4. Añadir agua fría hasta cubrirlas con 3 o 4 centímetros de líquido por encima de su superficie.
5. Cubrirlas holgadamente con un paño o un papel film, o bien con una tapa con válvula de aire.
6. Fermentar a temperatura ambiente hasta que comience a observarse formación de burbujas, habitualmente tras un periodo de 24 a 36 horas.
7. Cambiar el agua del recipiente dos o tres veces para que el sabor de las legumbres sea mejor.

Llegados a este punto, las legumbres estarán listas para ser cocidas en abundante agua para preparar la receta preferida de cada cual. Es habitual que las legumbres fermentadas se cocinen en un tiempo algo menor que el de las no fermentadas.

Tofu fermentado

PARA PREPARAR UNOS 300 GRAMOS DE *TOFU*

- FERMENTO LÁCTICO
- FERMENTACIÓN EN EL FRIGORÍFICO
- TIEMPO DE FERMENTACIÓN: DE 9 A 10 DÍAS

El tofu *se envuelve en un paño limpio antes de hacerlo fermentar en una mezcla de* miso *y vinos de arroz como el* sirin *y el* sake. *Para ello es posible utilizar un paño para hacer queso doblado o un paño de tejido fino conocido como* voile. *En cualquier caso, estos paños han de enjuagarse antes de utilizarlos con abundante agua caliente.*

300 GRAMOS DE *TOFU* DURO O MEDIO, PREFERIBLEMENTE ORGÁNICO Y SIN COMPONENTES GENÉTICAMENTE MODIFICADOS (TRANSGÉNICOS)

150 GRAMOS DE *MISO* BLANCO

4 CUCHARADITAS DE *MISO* ROJO

50 MILILITROS DE VINO DE ARROZ *MIRIN*

50 MILILITROS DE VINO DE ARROZ *SAKE*

1. Cortar el *tofu* en cubos de unos 2 centímetros de lado y escurrirlo en un papel de cocina o un papel de hornear durante 15 o 20 minutos; secar el *tofu*, eliminando de su superficie cualquier posible resto de humedad.
2. Mezclar el *miso* blanco, el *miso* rojo, el *mirin* y el *sake*. Poner aproximadamente un tercio de cucharada de la mezcla de *miso* en un recipiente en el que el *tofu* quepa de forma ajustada.
3. Cubrir con el paño para hacer queso o el *voile* la mezcla de *miso*. Añadir el *tofu* escurrido al recipiente en una sola capa. Plegar el paño alrededor del *tofu*.
4. Extender el resto de la mezcla de *miso* uniformemente sobre el paño que cubre el *tofu*, tanto por la parte superior como por los laterales.
5. Cubrir el recipiente y dejar fermentar en el frigorífico durante 3 días. Si se acumula líquido en el envase, debe dejarse escurrir para después desecharlo.
6. Desenvolver el *tofu* y pasarlo a un recipiente limpio revestido con papel de horno. Cubrir el recipiente e introducirlo en el frigorífico. Dejar que el *tofu* envejezca entre 6 y 8 días.
7. El *tofu* puede consumirse de inmediato, o bien conservarse en el frigorífico en un envase bien tapado, durante un máximo de 2 semanas.

Tempeh

PARA PREPARAR UNOS 300 GRAMOS DE *TEMPEH*

- ESPORAS PARA *TEMPEH*
- FERMENTACIÓN A TEMPERATURA AMBIENTE, A ENTRE 25 Y 30 °C
- TIEMPO DE PREPARACIÓN DE LA SOJA: 26 HORAS
- TIEMPO DE FERMENTACIÓN: DE 24 A 36 HORAS

½ KILO DE SEMILLAS DE SOJA SECAS

2 CUCHARADAS DE VINAGRE DE VINO TINTO O BLANCO, VINAGRE DE MANZANA O VINAGRE BLANCO DESTILADO

1 CUCHARADA DE ESPORAS PARA *TEMPEH* (VÉASE RECURSOS EN LA PÁGINA 151).

1. Poner en remojo las semillas de soja en un recipiente grande con agua suficiente para cubrirlas por completo y mantenerlas así durante 24 horas. Cambiar el agua del recipiente dos o tres veces para que el sabor de las legumbres sea mejor.

2. Escurrir las semillas de soja y ponerlas en un bol grande. Añadir el agua fría suficiente para cubrirlas hasta 2 o 4 centímetros por encima de su superficie. Cocerlas a fuego lento. Durante la cocción retirar con una espumadera cualquier tipo de espuma o las pieles que puedan quedar flotando sobre la superficie, hasta que estén lo bastante tiernas, tras un tiempo de cocción de 1 hora u hora y media.

3. Colar y escurrir bien las semillas. Cuando estén lo bastante frías para manipularlas con la mano, retirar las cáscaras y desecharlas.

4. Disponer las semillas de soja sobre una bandeja cubierta con papel de cocina y ponerlas a secar. Cambiar el papel de cocina húmedo por papel seco hasta que las semillas se sequen por completo al aire, a temperatura ambiente.

5. Mezclar las semilla de soja y las esporas para *tempeh* en un bol grande. Pasar las semillas a una bandeja de horno de 20 × 30 centímetros. Cortar un trozo de papel de aluminio algo mayor que las dimensiones de la bandeja y recubrirla con él. Hacer varios agujeros en la hoja y presionarla con firmeza sobre la superficie de las semillas de soja.

6. Dejar fermentar en un lugar a temperatura cálida, entre 24 y 27 °C, hasta que el *tempeh* quede cubierto de una capa de moho blanquecino, tras un plazo de entre 24 y 36 horas.
7. El *tempeh* puede utilizarse para acompañar otras elaboraciones o, una vez enfriado del todo, puede cortarse en piezas cuadradas que se conservan en un recipiente bien tapado en el frigorífico durante un plazo máximo de 3 días. Otra posibilidad es cocerlo al vapor después de cortarlo en trozos (véase nota), dejarlo enfriar por completo y conservarlo en el congelador, en bolsas o envases para congelar, durante un periodo máximo de 3 meses.

Recuerda: Para preparar el *tempeh*, se corta en trozos y se cuece al vapor sobre un poco de agua hirviendo durante 15 minutos. El *tempeh* puede hacerse después a la parrilla, frito, horneado o salteado, solo o acompañando a sopas y estofados.

Miso

PARA PREPARAR ½ KILO DE *MISO*

- *KOJI* DE CEBADA O DE ARROZ
- TIEMPO DE PREPARACIÓN DE LA SOJA: 26 HORAS
- FERMENTACIÓN A TEMPERATURA AMBIENTE
- TIEMPO DE FERMENTACIÓN: DE 6 A 10 MESES

El koji *de cebada es el hongo necesario para que las semillas de soja fermenten transformándose en miso.*

250 GRAMOS DE SEMILLAS DE SOJA SECAS INTEGRALES

½ KILO DE *KOJI* DE CEBADA (VÉASE RECURSOS EN LA PÁGINA 151)

200 GRAMOS DE SAL MARINA

1. Poner en remojo las semillas de soja en un recipiente grande con agua suficiente para cubrirlas por completo y mantenerlas así durante 24 horas. Cambiar el agua del recipiente dos o tres veces para mejorar el sabor de las legumbres.
2. Escurrir las semillas de soja y ponerlas en un bol grande. Añadir el agua fría suficiente para cubrirlas hasta 2 o 4 centímetros por encima de su superficie.
3. Cocerlas a fuego lento. Durante la cocción, retirar con una espumadera cualquier tipo de espuma o las pieles que puedan quedar flotando sobre la superficie, hasta que estén lo bastante tiernas, tras un tiempo de cocción de 2 horas o 2 horas y ½. Dejar aparte unos 400 mililitros del líquido de cocción y reservar.
4. Colar y escurrir bien las semillas. Cuando estén lo bastante frías para manipularlas con la mano, sacarlas del recipiente y retirarles las pieles, que se desechan.
5. Disponer las semillas de soja sobre una bandeja cubierta con papel de cocina y ponerlas a secar. Cambiar el papel de cocina húmedo por papel seco hasta que las semillas se sequen por completo, al aire a temperatura ambiente.
6. Mezclar las semillas de soja secas y el *koji* de cebada en un bol grande y aplastar la mezcla hasta formar una masa o pasta con textura de grano grueso.

7. Con las manos muy limpias, ir sacando cucharadas de la pasta y formando bolas apretándolas con la mano. Pasar las bolas al recipiente de fermentación (al aplastarlas, se eliminarán posibles bolsas de aire). Apretar la pasta con firmeza en el recipiente.

8. Esparcir la sal formando una capa uniforme sobre las semillas de soja. Cubrir la mezcla con una lámina de papel film directamente sobre la superficie de la pasta de soja. Aplastar con un peso de ½ kilo.

9. Fermentar a temperatura ambiente, a entre 18 y 21 °C, hasta conseguir el sabor deseado, para lo cual pueden transcurrir entre 6 y 10 meses. Los tiempos de fermentación más breves dan lugar a un *miso* de sabor más suave y dulce, mientras que los más prolongados producen un *miso* de sabor más intenso y penetrante.

10. A medida que el *miso* va fermentando, sobre su superficie se forma una cubierta de líquido, que es la salsa *tamari*. Esta puede absorberse con una cánula o sifón o extraerse con una cuchara (prestando atención a que los utensilios estén en cualquier caso escrupulosamente limpios), para utilizarla como acompañamiento o ingrediente de otras preparaciones.

Recuerda: El *miso* puede utilizarse de cualquiera de las formas siguientes:

- Añadir *miso* al gusto al caldo hirviendo, removiendo bien. Incorporar al caldo cubos de *tofu silken* (o sedoso, la variedad de *tofu* más suave) o de *tofu* blando, además de cebolleta cortada en juliana, y servir de inmediato.
- Agregar una cucharada de *miso* a guisos o estofados junto antes de servirlos para espesar ligeramente la salsa.
- Untar el *miso* sobre porciones de carne de pollo, cerdo o vacuno, o sobre verduras o *tofu*, antes de freírlas o hacerlas a la parrilla.
- Añadir una cucharada de *miso* a los salteados en sartén o wok.
- Incorporar un poco de *miso* a los aderezos para ensaladas, o bien preparar uno específico a base de *miso*, yogur, vinagre de vino de arroz y unas gotas de aceite de sésamo, para acompañar a ensaladas o como salsa para verduras o cereales.

Dosas (tortitas de lentejas)

PARA PREPARAR 6 *DOSAS*

- FERMENTO LÁCTICO
- FERMENTACIÓN A TEMPERATURA AMBIENTE
- TIEMPO DE PREPARACIÓN DE LAS LENTEJAS: 24 HORAS
- TIEMPO DE FERMENTACIÓN: DE 2 A 4 DÍAS

250 GRAMOS DE LENTEJAS ROJAS

1 CHILE VERDE PICANTE, SIN SEMILLAS Y PICADO

2 CUCHARADAS DE CEBOLLA PICADA

2 CUCHARADAS DE CILANTRO FRESCO PICADO

1 CUCHARADA DE JENGIBRE FRESCO RALLADO

1 CUCHARADITA DE SAL *KOSHER*

½ CUCHARADITA DE CÚRCUMA MOLIDA

¼ DE CUCHARADITA DE PIMIENTA NEGRA MOLIDA

3 CUCHARADAS DE ACEITE DE COCO O DE OLIVA

1. Para preparar las lentejas, ponerlas en remojo en agua caliente en un bol grande con agua suficiente para cubrirlas por completo y mantenerlas así durante 24 horas, a temperatura ambiente. Cambiar el agua del recipiente dos o tres veces para mejorar el sabor de las legumbres. Reservar ½ taza del agua de remojo.
2. Para preparar la masa de las *dosas*, con un procesador de alimentos o una batidora, hacer un puré con las lentejas escurridas y la ½ taza del líquido de remojo reservado y agregando otra ½ taza de agua, hasta obtener una masa homogénea. Agregar a la masa el chile, la cebolla, el cilantro, el jengibre, la sal, y la cúrcuma y la pimienta negra molidas, y continuar batiendo hasta obtener una textura homogénea y cremosa.
3. Pasar la mezcla a un bol. Cubrir con un paño y dejar fermentar en un lugar caliente, a una temperatura de entre 24 y 30 °C, hasta que la masa desprenda un aroma penetrante y se torne espumosa, al menos durante 2 días y hasta un máximo de 4.

4. La masa puede hornearse de inmediato o bien conservarse en un recipiente bien tapado en el frigorífico, para utilizarla como máximo en 4 días.
5. Para elaborar las *dosas*, precalentar el horno a 80 °C a fin de que estén calientes al prepararlas.
6. Calentar una plancha o una sartén a fuego medio-alto. Añadir aceite suficiente para que toda la superficie quede cubierta. Incorporar a la plancha 3 cucharadas de la masa, extendiéndolas con la parte posterior de una cuchara hasta formar una torta circular de unos 15 centímetros de diámetro. Hacer las tortas una a una, salvo que se disponga de una plancha grande en la que quepan dos a la vez.
7. Cocinar la *dosa* hasta que su parte exterior comience a parecer seca, durante 2 o 3 minutos. Esparcir ½ cucharadita de aceite sobre la parte superior de la *dosa* y darle la vuelta, para que se haga por el otro lado, también durante 2 o 3 minutos.
8. Pasar la *dosa* a una bandeja o fuente de horno, manteniéndola en el hormno mientras se elaboran las demás tortas. Añadir aceite a la plancha o sartén, si es necesario.
9. Servir las *dosas* calientes.

Salsa (*dip*) de legumbres fermentadas

PARA ELABORAR UN FRASCO DE ½ LITRO DE CAPACIDAD

- SUERO DE LECHE, PREPARADO EN CASA (PÁGINA 77) O ADQUIRIDO EN TIENDAS
- FERMENTACIÓN A TEMPERATURA AMBIENTE
- TIEMPO DE FERMENTACIÓN: DE 2 A 3 DÍAS

400 GRAMOS DE ALUBIAS NEGRAS O PINTAS COCIDAS

2 CUCHARADAS DE SUERO DE LECHE O KÉFIR

½ CUCHARADITA DE SAL *KOSHER*

1. Mezclar las alubias, lavadas y escurridas, el suero de leche o el kéfir y la sal en un bol grande. Machacar suavemente la mezcla para romper un poco la piel de las alubias.
2. Pasar la mezcla a un recipiente para conservas de ½ litro de capacidad. Cerrar herméticamente el envase y dejar fermentar a temperatura ambiente durante 2 o 3 días.
3. La salsa de alubias puede consumirse de inmediato, o bien conservarse en el frigorífico en un envase bien tapado, durante un máximo de 2 semanas.

Recuerda: La preparación puede servirse como salsa para mojar (*dip*) o como acompañamiento de platos como los huevos rancheros, consistentes en tortillas de maíz calientes cobre las cuales se sirven huevos fritos, queso rallado, algún tipo de salsa picante frita, como la salsa «pico de gallo» con tomate y crema agria.

CAPÍTULO 9

Pan de masa madre

El pan de masa madre ha alcanzado en el ámbito de la alimentación la categoría de mito. Cualquiera que sea el lugar en el que se elaboran, desde las más refinadas panaderías de pan francés o las desvencijadas carretas dedicadas al transporte de provisiones, los iniciadores *(starters)* de masa madre se mantienen siempre calientes y son conservados, cultivados y nutridos con regularidad. Investigando en fuentes históricas, podemos comprobar que algunos iniciadores de masa madre (o simplemente «madres») tienen cientos de años de antigüedad.

Cualquier aficionado al buen pan, ya sea a las *baguettes* de masa madre de estilo San Francisco, a las tradicionales hogazas de estilo campesino o a los panes de masa madre de centeno, de penetrante sabor, sabe que la masa madre no solo aporta un vibrante y delicioso sabor a los panes, sino también una textura densa, fresca y crujiente. Por otro lado, también hace que los panes sean más duraderos, además de no contener los aditivos y conservantes que abundan en los panes que se compran en los supermercados.

Es probable que sean muchos los que se abstienen de elaborar sus propios iniciadores de masa madre, por considerar que, al hacerlo, se entra en un mundo misterioso, que requiere una suerte de compromiso permanente y que exige más atención y cuidados que muchas mascotas.

Es cierto que la elaboración de masas madre tiene parte de ciencia y parte de arte. Los aspectos científicos son los que se asocian al control de la temperatura, la exposición al aire y la cantidad de nutrientes disponibles para las levaduras. Por otro lado, los elementos «artísticos» son los relacionados con el reconocimiento del aroma a veces dulce, a veces similar al de la cerveza, de un iniciador en desarrollo y de su color y textura en su estado más adecuado, o con el de la leve emanación de amoniaco o de los cambios de coloración en su superficie, que pueden ser indicativos de que el iniciador se ha estropeado.

Los cultivos que han cambiado de color y que no recuperan su aspecto natural habitual cuando son adecuadamente nutridos y expuestos a fermentación a temperatura ambiente no deben conservarse. En ocasiones las levaduras se quedan sin alimento si no se les proporciona la nutrición adecuada. Asimismo, es posible que una cepa nociva de la propia levadura u otros microorganismos lleguen a establecerse en el medio de cultivo y consigan dominarlo; es entonces cuando en el cultivo iniciador se desarrollan estrías coloreadas y comienza a desprenderse de él un olor desagradable. De cualquier modo, si en una primera experiencia no se tiene éxito, nada impide volver a intentarlo. Solo se habrán perdido un poco de harina y algo de tiempo.

Entre las posibles opciones en este contexto está la de hacer que un iniciador se desarrolle a partir de levadura instantánea o fresca o del moho presente en la piel de las uvas o las pasas. De este modo se introducirá la levadura en el cultivo, si bien esta también puede obtenerse de levaduras naturales nativas. En este último caso, con el tiempo desarrollará un sabor ciertamente singular y específico de la masa madre que cada uno prepare.

Cuando uno mismo prepara su propio iniciador, es más que probable que termine disponiendo de mucha más masa madre de la que necesita. Un recurso evidente en este caso es el de dar el sobrante a amigos y personas que compartan la afición por la elaboración de panes artesanos. No obstante, hay que tener siempre presente que algunas personas no prestan la pertinente atención al desarrollo de este tipo de cultivos. Conviene indicarles que no importa que fracasen inicialmente en su preparación, ya que se dispone de iniciador en abundancia para abordar sucesivos intentos. En caso de que la oferta sea rechazada, siempre se puede aprovechar el iniciador no maduro para elaborar las recetas de tortas, galletas o bollos citadas en el presente capítulo.

Iniciador de masa madre de centeno o trigo

- MASA MADRE
- TIEMPO DE FERMENTACIÓN: DE 4 A 6 DÍAS

Para preparar el iniciador es conveniente utilizar harinas integrales de elaboración orgánica y agua natural no clorada. Suele ser necesario desechar (o al menos dejar aparte) como mínimo la mitad del iniciador cada uno de los 5 o 6 días que el cultivo necesita para consolidarse. De esta forma no solo se evita acumular una ingente cantidad de iniciador, sino que también se consigue que este sea más fuerte y saludable, al ser menor la cantidad de levadura que compite por los nutrientes naturales disponibles.

Fase 1: consolidación del iniciador

Esta fase se prolonga aproximadamente durante unos 5 días. Si en la cocina hace una temperatura alta, el cultivo puede haberse duplicado en solo 1 día, por lo que ya puede haberse establecido para ser utilizado tras solo 4 días. Sin embargo, si la temperatura en la cocina es más o menos fría, cabe la posibilidad de que sea necesario algún día adicional para que el cultivo arraigue. Es importante mantener una pauta de nutrición adecuada mientras dicho cultivo se está consolidando. A veces es posible proceder a la nutrición del cultivo dos veces al día. El proceso resulta más trabajoso, pero, como recompensa, se obtendrá un iniciador más resistente y potente

DÍA 1

200 GRAMOS DE HARINA DE CENTENO O TRIGO INTEGRAL

100 MILILITROS DE AGUA FRÍA FILTRADA

1. Mezclar la harina y el agua en un envase de vidrio o de cerámica.
2. Cubrir con un paño o trozo de tela tupida, asegurarlo con una cuerda o una goma elástica y dejar fermentar a temperatura ambiente durante 24 horas.

DÍA 2

INICIADOR PREPARADO EL DÍA 1

200 Gramos de harina de centeno o trigo integral

100 Mililitros de agua fría filtrada

1. Remover el cultivo y poner unos 100 mililitros del mismo en un frasco o un bol.
2. Añadir, agitando, el agua y la harina al iniciador. Cubrir con un paño o trozo de tela tupida, asegurarlo con una cuerda o una goma elástica y dejar fermentar a temperatura ambiente durante 24 horas. Llegados a este punto, es posible que en la mezcla comiencen a observarse algunas burbujas y que el cultivo aumente de volumen.

DÍA 3

INICIADOR PREPARADO EL DÍA 2

200 Gramos de harina de centeno o trigo integral

100 Mililitros de agua fría filtrada

1. Remover el cultivo y poner unos 100 mililitros del mismo en un frasco o un bol.
2. Añadir el agua y la harina al iniciador agitando. Cubrir con un paño o trozo de tela tupida, asegurarlo con una cuerda o una goma elástica y dejar fermentar a temperatura ambiente durante 24 horas. El iniciador puede aumentar de volumen hasta duplicarlo.

DÍA 4

INICIADOR PREPARADO EL DÍA 3

200 Gramos de harina de centeno o trigo integral

100 Mililitros de agua fría filtrada

1. Remover el cultivo y poner unos 100 mililitros del mismo en un frasco o un bol.
2. Añadir el agua y la harina al iniciador. Agitar bien, cubrir con un paño o trozo de tela tupida, asegurarlo con una cuerda o una goma elástica y dejar fermentar a temperatura ambiente durante 24 horas. Nuevamente, el iniciador puede volver a duplicar su volumen.

DÍA 5

INICIADOR PREPARADO EL DÍA 4

200 Gramos de harina de centeno o trigo integral

100 Mililitros de agua fría filtrada

1. Remover el cultivo y poner unos 100 mililitros del mismo en un frasco o un bol.
2. Añadir el agua y la harina al iniciador. Agitar bien, cubrir con un paño o trozo de tela tupida, asegurarlo con una cuerda o una goma elástica y dejar fermentar a temperatura ambiente durante 24 horas.
3. El iniciador volverá una vez más a duplicar su volumen. Agitarlo una última vez. Puede utilizarse para la elaboración del pan de inmediato o bien puede conservarse en el frigorífico como máximo 1 semana.

Fase 2: preparación del iniciador

En esta fase el cultivo debe nutrirse con la harina y el agua necesarias para compensar la cantidad del mismo que se destinará a la elaboración del pan o de la receta correspondiente. Si se utilizan las instrucciones y las medidas indicadas con anterioridad, esta fase servirá para preparar dos panes, de diferentes formas, de aproximadamente ½ kilo cada uno.

PREPARACIÓN PARA EL DÍA DEL HORNEADO DEL PAN

400 Gramos de harina de centeno o trigo integral

200 Mililitros de agua fría filtrada

1. Si el iniciador ha estado en el frigorífico, es necesario agitar bien antes de incorporar cualquier tipo de líquido a su superficie. Dejar antes que el cultivo adquiera la temperatura ambiente, durante unas 3 horas.
2. Agregar 200 gramos de harina y 100 mililitros de agua al cultivo iniciador. Mezclar bien, tapar y dejar que el volumen de la combinación aumente hasta duplicarse, a lo largo de entre 10 y 12 horas. Agitar y dejar que el cultivo se asiente y separar del mismo unos 200 mililitros para utilizarlos en la correspondiente receta (véanse páginas 97-103).
3. Añadir los 200 gramos de harina y los 100 mililitros de agua restantes al iniciador.
4. Agitar bien, cubrir con un paño o trozo de tela tupida, asegurarlo con una cuerda o una goma elástica y dejar fermentar a temperatura ambiente durante 24 horas. El iniciador aumentará de volumen hasta duplicarlo.

5. Llegados a este punto, el cultivo iniciador puede taparse, conservarse en el frigorífico y nutrirse con periodicidad semanal. Si se prevé utilizarlo con frecuencia para elaborar distintos panes, es posible conservarlo en un recipiente tapado a temperatura ambiente sobre un estante o encimera, procediendo a su nutrición en días alternos.

Fase 3: mantenimiento del cultivo iniciador

Una vez que ya se ha consolidado, el cultivo iniciador puede mantenerse en la encimera o la despensa a temperatura ambiente, siempre que se realice su nutrición a diario, o en días alternos, si se prevé hornear pan de modo continuado durante algunos días. Cuando el horneado del pan se realiza de manera más ocasional, son muchos los que recomiendan conservar el cultivo en el frigorífico. Un cultivo o iniciador refrigerado solo requiere nutrición una vez a la semana. Aunque es poco probable que el cultivo muera si no se siguen con puntualidad las pautas relativas a su nutrición, siempre es preferible seguir una periodicidad lo más regular posible.

El proceso de mantenimiento de un cultivo iniciador no es el mismo que el de los pasos de preparación descritos en la fase 2; sin embargo, dado que solo se aportan 100 mililitros del iniciador existente, siempre quedará una parte sobrante para elaborar bollos o tortitas de masa madre (páginas 103 y 101), para compartirla con alguien aficionado a realizar estar preparaciones o, si no queda otra opción, para incorporarlo al abono para las plantas.

DÍA DE NUTRICIÓN DEL CULTIVO INICIADOR

INICIADOR

200 Gramos de harina de centeno o trigo integral

100 Mililitros de agua fría filtrada

1. Remover el cultivo y poner unos 100 mililitros del mismo en un frasco o un bol.
2. Añadir el agua y la harina. Agitar bien, cubrir con un paño o trozo de tela tupida, asegurarlo con una cuerda o una goma elástica y dejar fermentar a temperatura ambiente durante 24 horas. El cultivo debe duplicar su volumen.
3. Remover el cultivo y dejar que se asiente. En ese momento ya estará listo para la elaboración del pan, o bien es posible conservarlo, tapado en el frigorífico durante un máximo de 1 semana, nutriéndolo 1 vez durante ese periodo. Si se mantiene a temperatura ambiente, la nutrición debe realizarse a diario o en días alternos.

Pan de masa madre de centeno

PARA ELABORAR 2 PANES

- INICIADOR DE MASA MADRE
- FERMENTACIÓN A TEMPERATURA AMBIENTE CÁLIDA, DE ENTRE 24 Y 27 °C
- TIEMPO DE FERMENTACIÓN: HASTA 3 HORAS ANTES DEL HORNEADO

Cuando no se dispone de tiempo para proceder a la nutrición del cultivo iniciador antes de utilizarlo en esta receta, puede agregarse 1 cucharadita adicional de levadura. De todos modos, el cultivo iniciador dará al pan un delicioso sabor y una textura perfecta, aunque la masa del pan se levantará menos, y este es precisamente el motivo que aconseja añadirle un poco de levadura adicional, que hará que la masa del pan se levante y se esponje de la manera más apropiada.

200 GRAMOS DE CULTIVO INICIADOR DE MASA MADRE DE CENTENO (PÁGINA 93)

½ LITRO DE AGUA FILTRADA TIBIA, A UNA TEMPERATURA DE 30 A 32 °C

3 CUCHARADAS DE MIEL O MELAZA

1 PAQUETE DE LEVADURA INSTANTÁNEA

1 CUCHARADA DE SAL *KOSHER*

600 GRAMOS DE HARINA DE CENTENO MEDIO

650 GRAMOS DE HARINA COMÚN (SIN LEVADURA)

HARINA DE MAÍZ PARA ESPOLVOREAR SOBRE LA BANDEJA DE HORNO

LA CLARA DE UN HUEVO GRANDE

1 CUCHARADA DE SEMILLAS DE ALCARAVEA

1. Mezclar el iniciador y el agua en un bol grande, agitando con una cuchara de madera hasta homogeneizar.
2. Incorporar la miel, la levadura y la sal, mezclando con la mano hasta obtener un resultado uniforme.
3. Agregar la harina de centeno y 400 gramos de la harina común. Continuar combinando la masa con las manos o con una batidora de pedestal, a baja velocidad, hasta que la masa comience a separarse de la pared del bol, durante unos 5 minutos a mano, o durante 3 minutos con la batidora a baja velocidad. En esta fase la masa debe estar aún bastante húmeda. Pasar la masa a una superficie de trabajo enharinada si se amasa con las manos.

4. Trabajar con firmeza la masa, añadiendo parte o toda la harina común sobrante, según sea necesario, hasta obtener una masa uniforme sin grumos, durante unos 7 minutos si se emplea una batidora de pedestal a velocidad intermedia o durante unos 10 minutos si se amasa a mano.

5. Pasar la masa a un bol engrasado con aceite; cubrirla con papel film o con un paño limpio. Guardar la masa en un lugar cálido, a una temperatura de entre 21 y 24 °C, y protegida de las corrientes de aire. Dejar que la masa se alce hasta duplicar su volumen, en un plazo de 1 hora y ½ o 2 horas.

6. Doblar la masa sobre sí misma en tres o cuatro puntos diferentes, con objeto de que expulse los gases retenidos. Dividir la masa en dos partes iguales. Dar forma redondeada a cada una de las partes.

7. Esparcir un poco de harina de maíz sobre dos bandejas de horno con la parte en la que convergen los bordes en el centro hacia abajo. Cubrir las dos masas con papel film o con sendos paños limpios, dejándolas en un lugar cálido, y esperar a que se levanten y esponjen hasta duplicar su tamaño, en un tiempo de entre 30 y 45 minutos.

8. Precalentar el horno a 200 °C.

9. Cuando las masas hayan casi doblado su tamaño, hacer en la parte superior de cada una cada una de ellas dos o tres cortes en diagonal con un cuchillo pelador bien afilado. Los cortes no deben ser de más de 1/2 centímetro de profundidad.

10. Con un pincel de cocina, pintar la parte superior de las masas con clara de huevo batida y esparcir uniformemente sobre cada una de ellas las semillas de alcaravea.

11. Hornear hasta que los panes suenen huecos al golpear con una cuchara en su parte inferior o hasta que, con un termómetro de aguja de lectura instantánea, se registre una temperatura interna de 87 a 90 °C, tras 35 o 40 minutos de horneado.

12. Dejar que los panes se enfríen sobre una rejilla antes de cortar las rebanadas que sean necesarias.

13. Envolver el pan sobrante y conservarlo a temperatura ambiente.

Baguettes de masa madre

PARA ELABORAR 3 *BAGUETTES*

- INICIADOR DE MASA MADRE
- FERMENTACIÓN A TEMPERATURA AMBIENTE CÁLIDA, DE ENTRE 24 Y 27 °C
- TIEMPO DE FERMENTACIÓN: HASTA 3 HORAS ANTES DEL HORNEADO

Aunque es posible que las barras de pan elaboradas en casa no lleguen a tener una textura tan crujiente ni una miga tan esponjosa como las que se compran en las panaderías, sin duda se puede disfrutar del delicioso e intenso sabor a masa madre que presentan las baguettes ofrecidas en esta receta. Si en vez de barras alargadas se prefieren panes redondos, basta con separar la masa en dos partes en vez de en tres y con darles forma de hogaza y no de barra.

200 GRAMOS DE CULTIVO INICIADOR DE MASA MADRE DE TRIGO (PÁGINA 93)

150 MILILITROS DE AGUA FILTRADA TIBIA, A UNA TEMPERATURA DE 30 A 32 °C

2 CUCHARADITAS DE MIEL O DE AZÚCAR

½ PAQUETE O 1 CUCHARADITA Y ¼ DE LEVADURA SECA INSTANTÁNEA

2 CUCHARADITAS Y ¼ DE SAL *KOSHER*

1 KILO DE HARINA COMÚN (SIN LEVADURA) O HARINA PARA PAN

HARINA DE MAÍZ PARA ESPOLVOREAR SOBRE PARA LA BANDEJA DE HORNO

LA YEMA DE UN HUEVO GRANDE

1. Mezclar el iniciador y el agua en un bol grande, agitando con una cuchara de madera hasta homogeneizar. Incorporar la miel o azúcar, la levadura y la sal, mezclando con la mano hasta obtener una mezcla uniforme.

2. Agregar 600 gramos de la harina y continuar combinando la masa con las manos o con una batidora de pedestal, a baja velocidad, hasta que comience a separarse de la pared del bol, durante unos 5 minutos a mano, o durante 4 minutos con la batidora a baja velocidad. En esta fase la masa debe estar aún bastante húmeda. Pasar la masa a una superficie de trabajo enharinada, si se amasa con las manos.

3. Trabajar con firmeza la masa, añadiendo parte o toda la harina sobrante según sea necesario, hasta obtener una masa uniforme sin grumos, durante

unos 7 minutos si se emplea una batidora de pedestal a velocidad intermedia, o durante unos 10 minutos si se amasa a mano.

4. Pasar la masa a un bol engrasado con aceite; cubrirla con papel film o con un paño limpio.

5. Guardar la masa en un lugar cálido, a una temperatura de entre 21 y 24 °C, y protegido de las corrientes de aire. Dejar que la masa levante hasta duplicar su volumen, en un plazo de 1 hora y ½ o 2 horas.

6. Doblar la masa sobre sí misma en tres o cuatro puntos diferentes, con objeto de que expulse los gases retenidos.

7. Dividir la masa en tres partes iguales. Dar forma de *baguette* a cada una de las partes de la masa, siguiendo el procedimiento que a continuación se expone. Aplastar una de las partes de masa formando un rectángulo dos veces más largo que ancho y de aproximadamente 1 centímetro de grosor. Sujetando los lados de este rectángulo, estirarlo hasta que mida alrededor de 30 centímetros de largo y 15 centímetros de ancho. Comenzando por la parte superior del rectángulo, enrollar la masa hasta formar un cilindro. Presionar sobre el borde de unión de ambas partes de la masa, mientras se hace rodar el cilindro hacia delante y hacia atrás, apretando hasta que alcance los 40 centímetros de largo. Doblar la masa hacia dentro en los dos extremos de la *baguette*. Repetir los mismos movimientos con las otras dos porciones de masa.

8. Esparcir un poco de harina de maíz sobre dos bandejas de horno, con la parte en la que convergen los bordes de las *baguettes* hacia abajo. Cubrir las barras con papel film o con paños limpios, dejándolas en un lugar cálido, y dejar que se levanten y esponjen hasta casi duplicar su tamaño, en un tiempo de entre 45 y 50 minutos.

9. Precalentar el horno a 230 °C.

10. Cuando las masas hayan casi doblado su tamaño, hacer en la parte superior de cada una de ellas varios cortes en diagonal con un cuchillo pelador bien afilado.

11. Con un pincel de cocina, pintar la parte superior de las masas con yema de huevo.

12. Hornear hasta que las barras suenen huecas al golpear con una cuchara en su parte inferior o hasta que, con un termómetro de aguja de lectura instantánea, se registre una temperatura interna de 87 a 90 °C, tras 35 o 40 minutos de horneado.

13. Dejar que los panes se enfríen sobre una rejilla antes de cortar las rebanadas que sean necesarias.

14. Envolver el pan sobrante y conservarlo a temperatura ambiente.

Tortitas de masa madre

PARA ELABORAR 6 PORCIONES (18 TORTITAS)

- INICIADOR DE MASA MADRE

Esta receta es la manera perfecta de aprovechar el cultivo iniciador de masa madre sobrante, que de otro modo habría que desechar. Es posible que con ella se preparen más tortitas de las necesarias. No obstante, siempre pueden congelarse en recipientes o bolsas preparados para ello, conservándose en el congelador hasta un máximo de 4 semanas. Es posible recalentarlas en una tostadora o en el microondas.

400 GRAMOS DE HARINA COMÚN (SIN LEVADURA)

3 CUCHARADAS DE AZÚCAR

1 CUCHARADITA DE POLVO DE HORNEAR

½ CUCHARADITA DE BICARBONATO SÓDICO

1/2 CUCHARADITA DE SAL *KOSHER*

3 HUEVOS GRANDES

400 MILIGRAMOS DE CULTIVO INICIADOR DE MASA MADRE DE TRIGO

200 MILILITROS DE LECHE

50 GRAMOS DE MANTEQUILLA SIN SAL, FUNDIDA Y DEJADA ENFRIAR

1. Disponer la harina, el azúcar, el polvo de hornear, el bicarbonato sódico y la sal en un bol mezclador grande, batiendo con intensidad todos los ingredientes.
2. Batir los huevos en un bol pequeño. Agregar el cultivo iniciador, la leche y la mantequilla, y mezclar con la mano hasta que todos los componentes se hayan combinado bien.
3. Abrir un orificio en la mezcla de los ingredientes secos. Añadir la combinación de los componentes líquidos y amasar mezclando bien con una cuchara de madera hasta conseguir una preparación homogénea. No conviene en cualquier caso excederse en esta fase de combinación, ya que la masa para preparar las tortitas podría resultar demasiado firme. No pasa nada porque haya algunos grumos.
4. Precalentar el horno a 80 °C.

5. Calentar una plancha o sartén grande a fuego medio-alto. Engrasarla con mantequilla fundida o aceite o rociar su superficie con *spray* de cocina antiadherente.

6. Ir colocando la masa para elaborar las tortitas sobre la plancha. Utilizar unos 50 mililitros para cada una, dejando unos 5 centímetros de separación entre una y otra para poder extenderlas y darles la vuelta con facilidad.

7. Cocinar cada tortita por un lado, durante 2 o 3 minutos o hasta que se observen pequeñas burbujas en el centro de la masa. A continuación, darles la vuelta y hacerlas otros 2 o 3 minutos, o hasta que adquieran un color dorado tostado. Continuar el proceso hasta que se acabe la masa.

8. Mantener las tortitas en el horno precalentado para preservar el calor.

9. Las tortitas se puede servir cubiertas con sirope, mantequilla con frutas, fruta fresca, nata montada o azúcar glas.

Bollos de masa madre con suero de mantequilla

PARA ELABORAR 14 BOLLOS

■ INICIADOR DE MASA MADRE

Estos bollos son un excelente acompañamiento para guisos de todo tipo. Los sobrantes pueden cortarse y tostarse ligeramente, consiguiendo un complemento de sabor fresco y singular textura.

400 GRAMOS DE HARINA COMÚN (SIN LEVADURA)

½ CUCHARADITA DE POLVO DE HORNEAR

½ CUCHARADITA DE BICARBONATO SÓDICO

½ CUCHARADITA DE SAL *KOSHER*

100 GRAMOS DE MANTEQUILLA SIN SAL FRÍA CORTADA EN CUBITOS

200 MILILITROS DE INICIADOR DE MASA MADRE DE TRIGO (PÁGINA 93) A TEMPERATURA AMBIENTE

150 MILILITROS DE SUERO DE MANTEQUILLA CULTIVADO A TEMPERATURA AMBIENTE (PÁGINA 73)

1. Precalentar el horno a 220 °C. Engrasar dos bandejas de horno con mantequilla fundida o aceite, o rociar su superficie con *spray* de cocina antiadherente.
2. Disponer la harina, el polvo de hornear, el bicarbonato sódico y la sal en un bol mezclador grande, batiendo con intensidad todos los ingredientes.
3. Agregar la mantequilla a la harina y cortarla con un mezclador de masa o un cuchillo de cocina hasta que adquiera un aspecto de polvo de grano grueso.
4. Para preparar los ingredientes líquidos, mezclar y agitar el cultivo iniciador y el suero de leche, incorporándolos a continuación a los ingredientes secos. Mezclar todo bien hasta que se forme una masa ligera que se separe con facilidad de la pared del bol.
5. Pasar la masa obtenida a una superficie de trabajo enharinada. Trabajar la masa «golpeándola» tres o cuatro veces, hasta que se mantenga firme y unida.

6. Utilizando un rodillo de amasar, extender la masa hasta que tenga un grosor de 1 a 1,5 centímetros. Con un cortador circular, cortar la masa de los bollos en cuadrados, presionando con firmeza para que no se formen dobleces que dificulten la elevación de la masa al hornearla y para obtener así una textura más «hojaldrada» en los bollos.

7. Pasar los cuadrados de masa a las bandejas de horno previamente preparadas, separándolas unos 5 centímetros entre sí. Cubrirlos con un paño limpio o con papel film. Dejar que los cuadrados de masa fermenten en un lugar cálido, a una temperatura de entre 21 y 24 °C, hasta que su volumen se haya casi duplicado.

8. Precalentar el horno a 110 °C mientras la masa se levanta.

9. Introducir las bandejas en el horno y hornear hasta que los bollos estén dorados, durante entre 10 y 12 minutos.

10. Servir los bollos calientes, acompañados de mantequilla cultivada (página 75), miel, frutas en conserva o mermeladas.

CAPÍTULO 10

Carnes, pescados y huevos

A ciertas personas la idea de tomar preparaciones a base de carnes, pescados o huevos fermentados no les resulta nada atractiva y, sin embargo, esas mismas personas se sorprenderían al saber que muchos de los alimentos pertenecientes a este grupo son tratados sometidos a algún tipo de fermentación. En ocasiones, ese proceso de fermentación va seguido de un largo periodo, de secado o curado al aire, con el fin de mejorar las ulteriores condiciones de preservación. Esta es la técnica aplicada al preparar jamones de diferentes tipos, como el serrano, el *prosciutto* italiano o el de Smithfield, variedad curada y ahumada originaria de Virginia, Estados Unidos. Otros derivados cárnicos se ahúman o se cocinan después de que se haya completado una fermentación previa. Tal es el caso del beicon o el *pastrami*, variedad elaborada con carne roja (de ternera) en salmuera muy consumida en Estados Unidos.

La fermentación de carnes no requiere tanto una atención escrupulosa de la limpieza, como sucede al fermentar otros tipos de alimentos, sino más bien una óptima capacidad de control de la temperatura y la humedad durante periodos de tiempo más o menos prolongados, como sucede en el caso de embutidos como el salami o el salchichón. Estos productos deben su sabor fuerte a la presencia en ellos de ácido láctico producido durante su fermentación. La mayoría de nosotros no dispone de sótanos o bodegas en los que se den condiciones de temperatura y humedad idóneas para la producción de chacinas y embutidos curados y desecados; sin embargo, la elaboración de preparaciones fermentadas como el *corned beef* y el *gravlax* de salmón, este último de origen escandinavo, están perfectamente al alcance de los aficionados a la elaboración de alimentos fermentados.

Cabe puntualizar, por otra parte, que el pescado fermentado, bien en forma de la clásica salsa asiática de pescado, o bien de los tradicionales arenques en salmuera, presenta ciertas modalidades de procesado que no requieren nada más elaborado que el propio pescado, sal, un paño para hacer queso o un frasco para conservas y algunas especias.

Corned beef*

- FERMENTO LÁCTICO
- FERMENTACIÓN A TEMPERATURA AMBIENTE
- TIEMPO DE FERMENTACIÓN: 7 DÍAS
- TIEMPO DE CURADO EN EL FRIGORÍFICO: 2 SEMANAS

Esta receta no incluye entre sus ingredientes salitre, que es un mineral salino utilizado para curar carnes y que contiene nitratos, que dan a algunas de las carnes tratadas con ellos una coloración rosada o rojiza, aun después de haberlas cocinado. No se trata de un componente esencial, pero si se prefiere obtener un corned beef de color rosado intenso siempre hay opción de añadir ¼ de cucharadita de salitre a la salmuera. No obstante, esta no es la preferencia más generalizada; de hecho, el corned beef clásico irlandés es más bien de color pardo grisáceo.

¾ DE LITRO DE AGUA FRÍA FILTRADA

150 GRAMOS DE SAL MARINA

100 GRAMOS DE AZÚCAR MORENO

6 DIENTES DE AJO

6 HOJAS DE LAUREL

1 VAINA DE CANELA

2 CUCHARADAS DE SEMILLAS DE CILANTRO ENTERAS

2 CUCHARADAS DE GRANOS DE PIMIENTA NEGRA ENTEROS

1 CUCHARADA DE BAYAS DE ENEBRO

4 CLAVOS DE OLOR

1 KG Y ½ DE FALDA DE TERNERA

---

* El *corned beef* es una variedad de carne de ternera, puesta en salmuera con sal gorda, a la que debe su nombre (en inglés el término significa «carne en granos», en alusión a los granos de sal que quedan en la preparación), y cocida a continuación en agua o vinagre. Se trata de un alimento consumido con profusión desde el siglo XVII, conocido como «carne para pobres» y que modernamente se suele comercializar enlatado.

1. Para preparar la salmuera, mezclar juntos, agitando, el agua, la sal y el azúcar, hasta que las dos últimas se hayan disuelto por completo. Agregar el ajo, las hojas de laurel, la canela, las semillas de cilantro y los granos de pimienta negra, las bayas de enebro y los clavos.
2. Cortar la carne y disponerla en un recipiente para fermentación. Verter la salmuera sobre ella. Añadir más agua, si es necesario, hasta cubrir la carne por completo.
3. Incorporar un peso para mantener la carne sumergida en la salmuera. Tapar el recipiente y colocar sobre la tapa una válvula de aire.
4. Dejar fermentar, a temperatura ambiente fresca, entre 18 y 21 °C, durante 7 días.
5. Guardar el recipiente en el frigorífico y continuar la fermentación durante 2 semanas.
6. Para cocinar el *corned beef*, sacarlo de la salmuera. Ponerlo en un cazo grande con fondo suficiente y agregar agua fría hasta cubrirlo por completo.
7. Calentar la carne hasta que alcance una temperatura de cocción a fuego lento y cocerla hasta que esté tierna, durante 2 horas o 2 horas y ½.
8. Lonchear la carne al gusto y servir.

Recuerda: Para preparar una plato de *corned beef* a la manera tradicional, añadir al cazo en el que se esté cociendo trozos de repollo y patatas peladas durante los últimos 40 minutos de cocción. Servir con abundante mostaza picante y salsa de rábano picante.

Huevos en salmuera

PARA PREPARAR 6 HUEVOS

- FERMENTO LÁCTICO
- FERMENTACIÓN A TEMPERATURA AMBIENTE FRESCA, A ENTRE 15 Y 18 °C
- TIEMPO DE FERMENTACIÓN: 7 DÍAS

2 Dientes de ajo pelados

3 Ramitas de eneldo fresco

6 Huevos duros, bien cocidos y pelados

1 Cucharadita y ½ de sal KOSHER

¾ De litro de agua filtrada, o más si es necesario

1. Disponer 1 diente de ajo y una rama de eneldo en el fondo de un frasco para conserva de vidrio de 2 litros. Añadir los huevos duros pelados. Incorporar el otro diente de ajo y el resto del eneldo.
2. Mezclar removiendo el agua y la sal en un bol pequeño, hasta que esta última se disuelva por completo. Verter el agua salada sobre los huevos. Agregar más agua filtrada, si es preciso, hasta que el nivel del líquido llegue a unos 2 centímetros del borde del frasco.
3. Tapar el frasco y dejar fermentar en ambiente más bien fresco y protegido de la luz, a una temperatura de entre 15 y 18 °C, hasta que se aprecie que comienzan a formarse burbujas, después de trascurridos unos 3 días. Guardar el frasco en el frigorífico.
4. Los huevos pueden consumirse de inmediato, o bien conservarse en el frigorífico, hasta 2 semanas.

Huevos en encurtido de remolacha

PARA PREPARAR 6 HUEVOS

- FERMENTO LÁCTICO
- FERMENTACIÓN A TEMPERATURA AMBIENTE FRESCA, DE ENTRE 15 Y 18 °C
- TIEMPO DE FERMENTACIÓN: 3 DÍAS

4 RODAJAS FINAS DE CEBOLLA AMARILLA

6 BAYAS DE PIMIENTA DE JAMAICA (TAMBIÉN LLAMADA PIMIENTA GORDA O DULCE)

6 HUEVOS DUROS, BIEN COCIDOS Y PELADOS

750 MILILITROS DE KVASS DE REMOLACHA (PÁGINA 137)

1. Disponer 2 rodajas de cebolla y 3 bayas de pimienta de Jamaica en el fondo de un frasco para conserva de vidrio de 2 litros.
2. Añadir los huevos duros pelados y las 2 rodajas de cebolla y las 3 bayas de pimienta de Jamaica restantes.
3. Verter el *kvass* sobre los huevos. Agregar más agua filtrada si es necesario, hasta que el nivel del líquido llegue a unos 2 centímetros del borde del frasco.
4. Tapar el frasco y dejar fermentar en ambiente más bien fresco y protegido de la luz, a una temperatura de entre 15 y 18 °C, hasta que se observe que comienzan a formarse burbujas, después de unos 2 días (si en la cocina no hay un lugar en el que pueda mantenerse la temperatura indicada, los huevos pueden dejarse fermentar en el frigorífico, para lo cual serán precisos unos 4 días).
5. Guardar el frasco en el frigorífico.
6. Los huevos pueden consumirse de inmediato o bien conservarse en el frigorífico, hasta 2 semanas.

Gravlax de salmón

PARA PREPARAR 1 FILETE GRANDE DE LOMO DE SALMÓN
(DE 10 A 12 PORCIONES DE UNOS 60 GRAMOS

- FERMENTO LÁCTICO
- FERMENTACIÓN A TEMPERATURA AMBIENTE
- TIEMPO DE FERMENTACIÓN: 6 HORAS
- TIEMPO DE FERMENTACIÓN EN EL FRIGORÍFICO: DE 24 A 30 HORAS

En la cocina tradicional escandinava el líquido desprendido por el salmón a medida que se va macerando se utiliza para elaborar una salsa de mostaza.

200 GRAMOS DE AZÚCAR

400 GRAMOS DE SAL *KOSHER*

2 MANOJOS DE ENELDO FRESCO, PICADO

1 FILETE GRANDE DE LOMO DE SALMÓN (DE APROXIMADAMENTE 1 KG Y ½)

2 CUCHARADAS DE VODKA

1. Para preparar el macerado del *gravlax*, mezclar el azúcar, la sal y el eneldo en un bol, frotando bien las hierbas para que impregnen los granos de sal y azúcar.
2. Retirar cuidadosamente las espinas que queden en el lomo de salmón. Para comprobar que la pieza no tiene ya espinas, pasar suavemente la yema del dedo de un extremo al otro del lomo, a lo largo de las vetas del pescado. Extraer las posibles espinas restantes con unas pinzas de depilar o unas tenacillas de punta fina.
3. Colocar el salmón sobre un trozo grande y largo de paño para hacer queso doblado en dos. El paño debe ser lo suficientemente largo para envolver el lomo de salmón dos o tres veces. Extender con un pincel de cocina el vodka sobre el salmón.
4. Cubrir apretando el macerado de *gravlax* sobre la parte superior del lomo. Tapar con un extremo del paño el salmón y dar la vuelta al lomo. Doblar el paño para dejar expuesta la parte inferior del lomo y aplicar sobre ella el resto del macerado de *gravlax*, apretando.

5. Envolver firmemente todo el filete de salmón, plegando los dobleces laterales para que quede cubierto en su totalidad. A continuación, envolver bien toda la pieza con papel film.
6. Pasar el salmón a una fuente grande o una bandeja de horno. Poner sobre él una fuente plana o una tabla de corte y, sobre ella, algunas latas o cualquier objeto pesado que ejerza presión.
7. Dejar fermentar el salmón a temperatura ambiente durante unas 6 horas
8. Terminar la fermentación del salmón en el frigorífico hasta que desprenda un aroma agradable y presente una textura fácil de cortar, transcurridas de 24 a 30 horas. Desenvolver el pescado y raspar el macerado en ambas superficies del lomo. Aclarar bien para retirar cualquier posible resto del macerado y, a continuación, secar bien el lomo con papel de cocina.
9. El *gravlax* de salmón puede cortarse de inmediato (véase nota).
10. Si no se toma enseguida, el *gravlax* bien envuelto se conserva bien en el frigorífico hasta 2 semanas.

Recuerda: Para cortar el salmón es conveniente utilizar un cuchillo largo de hoja fina bien afilado. Los cortes deben efectuarse en diagonal obteniéndose lonchas lo más finas posible. Los recortes sobrantes pueden mezclarse con queso y utilizar la mezcla para untar en *bagels*, tostadas, etc., como relleno para tortilla.

Salsa de pescado fermentado

PARA PREPARAR 250 MILILITROS

- FERMENTO LÁCTICO
- FERMENTACIÓN A TEMPERATURA AMBIENTE, ENTRE 18 Y 24 °C
- TIEMPO DE FERMENTACIÓN: DE 3 A 4 DÍAS
- TIEMPO DE FERMENTACIÓN EN EL FRIGORÍFICO: 4 SEMANAS

Esta salsa tiene unos antecedentes históricos que se remontan a los orígenes de la alimentación humana. Distintas versiones de la misma eras propias de las antiguas civilizaciones de Grecia, Roma (el celebrado y apreciadísimo garum), Constantinopla y de las culturas clásicas de China, Japón, la India y el sudeste asiático. Una versión más actualizada de todas estas elaboraciones históricas es la salsa Worcestershire.

½ KILO DE SARDINAS FRESCAS ENTERAS

2 CUCHARADAS DE SAL MARINA

1 DIENTE DE AJO, PELADO Y MACHACADO

1 HOJA DE LAUREL FRESCA

1 TIRA DE CÁSCARA DE LIMÓN, DE UNOS 5 CENTÍMETROS DE LARGO Y DE 1 CENTÍMETRO DE ANCHO

2 CUCHARADITAS DE GRANOS DE PIMIENTA NEGRA ENTEROS

2 CUCHARADAS DE SUERO DE LECHE O SALMUERA PARA CONSERVA

300 MILILITROS DE AGUA FILTRADA, O MÁS SI ES NECESARIO PARA LLENAR EL FRASCO

1. Para preparar las sardinas, cortarlas en trozos de unos 2 centímetros. Introducirlas en un frasco limpio de vidrio de 1 litro de capacidad y machacarlas con un mazo para carne, un prensador de patatas o una cuchara de madera.
2. Añadir la sal, el ajo machacado, las hojas de laurel, la cáscara de limón y los granos de pimienta negra. A continuación agregar el suero de leche o la salmuera.
3. Verter al recipiente agua suficiente como para cubrir el contenido hasta que el líquido alcance un nivel que quede a unos 2 centímetros del borde del frasco.

4. Dejar fermentar a temperatura ambiente hasta que se hayan formado dentro del frasco abundante burbujas, transcurridos unos 3 o 4 días.
5. Pasar el frasco al frigorífico y continuar la fermentación durante otros 4 días más.
6. Escurrir la salsa del envase pasándola a otro recipiente limpio, a través de un colador de malla fina. Desechar los residuos sólidos.
7. La salsa de pescado puede emplearse de inmediato o bien conservarse en botellas o frascos limpios bien cerrados. En estas condiciones dura hasta 6 meses.

Arenques en salmuera

PARA PREPARAR ¾ DE KILO DE ARENQUES

- FERMENTO LÁCTICO
- FERMENTACIÓN A TEMPERATURA AMBIENTE
- TIEMPO DE FERMENTACIÓN: 24 HORAS

¾ DE KILO DE FILETES DE ARENQUE, CORTADOS EN TROZOS DE UNOS 2 CENTÍMETROS

1 CEBOLLA AMARILLA MEDIANA, CORTADA EN RODAJAS FINAS

2 CUCHARADITAS DE SAL KOSHER

½ CUCHARADITA DE GRANOS DE PIMIENTA NEGRA ENTEROS

½ CUCHARADITA DE SEMILLAS DE MOSTAZA AMARILLA

½ CUCHARADITA DE SEMILLAS DE CILANTRO ENTERAS

2 HOJAS DE LAUREL

2 CUCHARADAS DE SUERO DE LECHE (OPCIONAL)

1. Mezclar los arenques troceados, la cebolla, la sal, los granos de pimienta negra, las semillas de mostaza y de cilantro, las hojas de laurel y el suero de leche (si se utiliza) en un bol grande, removiendo bien hasta que todos los ingredientes se distribuyan de manera uniforme. Introducir la mezcla en un frasco de vidrio para conservas de 2 litros de capacidad.
2. Presionar hacia abajo el pescado con un mazo de cocina o una cuchara de madera. Verter el agua hasta cubrir el pescado y el resto de los ingredientes hasta alcanzar un nivel a unos 2 centímetros del borde del recipiente.
3. Tapar el frasco. Dejar fermentar a temperatura ambiente durante 24 horas.
4. Los arenques pueden consumirse de inmediato o bien conservarse en el frigorífico en el frasco bien tapado, hasta 2 meses.

CAPÍTULO 11

Vinagres

La elaboración de nuestros propios vinagres puede en principio parecer un trabajo arduo, sobre todo si se tienen en cuenta las numerosas variedades disponibles en el mercado. Aunque no se puede negar que ciertos tipos de vinagres específicos, como el vinagre de Módena o el de Jerez, obtenidos por el método de solera, son ciertamente difíciles de conseguir con los medios disponibles en casa, la elaboración de vinagres de vino o de frutas obedece en realidad a un proceso relativamente simple, una vez que se dispone de una secuencia de procesado establecida. Lo único preciso para conseguir una primera tanda de vinagre es alcohol, una porción de la llamada madre del vinagre, un recipiente idóneo, un lugar cálido y oscuro para la fermentación y paciencia.

El vinagre se forma cuando el alcohol etílico presente en líquidos como la sidra de manzana, la sidra de pera o perada, la cerveza o el vino se convierte en ácido acético. La bacteria responsable de esta transformación forma una sustancia blanda conocida como «madre» del vinagre.

MADRES DE VINAGRE

La madre necesaria para elaborar vinagres es en realidad una colonia de microorganismos que pueden transformar los líquidos alcohólicos, como el vino, la cerveza o la sidra, en vinagre. Su aspecto es escurridizo y gelatinoso. En el proceso los azúcares presentes en el alcohol se convierten en ácido acético, que es el que aporta al vinagre sus característicos aroma y sabor agrios y penetrantes.

Las madres de vinagre pueden adquirirse en tiendas de productos dedicados a la fermentación de vinos o cervezas y también *online*. Hay quienes recomiendan utilizar madres específicas para tipos específicos de vinagre, aunque debe tenerse en cuenta que algunas tardan más tiempo en desarrollarse que otras. Este hecho, además de las diferencias en la temperatura y en otras condiciones ambientales de un lugar a otro, dificulta el establecimiento del tiempo preciso en el que un determinado tipo de vinagre vaya a fermentar.

Sin embargo, si se asume que se puede disponer de un entorno en el que la temperatura ambiente no sea 2,5 °C más alta o más baja de 21° C, cabe prever que se obtenga un vinagre de calidad en un plazo de entre 3 y 6 meses desde el momento en el que se inicia la fermentación.

Si se mantiene contacto con otros aficionados a la elaboración de productos fermentados, es más que probable que alguno de ellos disponga de un poco de madre de vinagre sobrante. Para su traslado, la madre debe mantenerse en una cantidad suficiente de vinagre para que conserve la humedad hasta que se utilice para prepara un vinagre nuevo. Cuando la madre se adquiere a través de un pedido por Internet, el producto es remitido en las condiciones de conservación adecuadas y con las pertinentes instrucciones para nutrirlo y utilizarlo antes de dedicarlo a la elaboración de nuevas remesas de vinagre.

Al igual que sucede con los cultivos iniciadores de masa madre, con el tiempo cada madre de vinagre acabará por aportar características singulares al vinagre correspondiente, debido a la combinación de las levaduras y microorganismos propios de cada entorno concreto. Con la aportación de los nutrientes y la aplicación de los cuidados pertinentes, una madre de vinagre puede mantenerse viva de manera virtualmente indefinida.

MANTENER Y COMPARTIR UNA MADRE DE VINAGRE

Una vez elaborada la primera remesa de vinagre, la madre será con toda probabilidad permanente. Siempre que sea nutrida de modo conveniente y que no sea expuesta directamente a la luz solar o a temperaturas extremas, cada nueva remesa de vinagre podrá producir una nueva madre. Las anteriores no afectarán en medida alguna al sabor ni al aroma de las sucesivas, si bien, al cabo del tiempo, acabarán por ocupar demasiado espacio en la jarra o el recipiente en el que se conserven. Por otro lado, pueden obturar el grifo o la espita del envase, si es que el que se utiliza los tiene, lo que obligaría a retirarla en parte periódicamente para permitir la extracción del vinagre.

Con objeto de conseguir que una remesa de vinagre se conserve casi indefinidamente, pueden aplicarse las directrices que a continuación se exponen.

Una vez que la madre se haya consolidado, debe ser nutrida de manera regular con un cuarto o medio litro de vino. De este modo se ralentiza la formación de vinagre, pero se le aporta fuerza a la madre.

Después de la elaboración del vinagre, solamente conviene utilizar la mitad del contenido en el recipiente en el que se conserve, dejando que el resto siga fermentando para la siguiente remesa.

El volumen que se haya extraído ha de reemplazarse con más líquido alcohólico. Lo habitual es utilizar el mismo que se empleó en origen, aunque también cabe la posibilidad de experimentar incorporando alguna otra combinación (por ejemplo, parte de vino blanco y parte de vino tinto o sustituyendo parte del vino por zumos naturales de fruta no pasteurizados).

CÓMO HACER MADRE DE VINAGRE

Una madre de vinagre se obtiene simplemente vaciando una botella de vino tinto en una jarra de boca ancha y dejando que se asiente en un lugar cálido, inalterado y protegido de la luz, hasta que se perciba que se desarrolla una sustancia gelatinosa y viscosa sobre la superficie del vino. Esa sustancia es la madre. Dependiendo del vino que se utilice, de los diferentes microorganismos presentes en el entorno y de la temperatura de este, la madre de vinagre puede tardar entre 2 semanas y 2 meses en desarrollarse. Dado que las bacterias requieren cierta cantidad de oxígeno para convertir el alcohol en vinagre, es conveniente tapar bien la jarra con un paño para hacer queso a fin de evitar que el líquido se contamine por efecto de moscas de la fruta u otros insectos, dejando sin embargo pasar el aire.

Cuando se forma la primera madre, es posible que aparezca una capa de moho. Cuando esta emerge por primera vez, se aprecia como un conjunto de pequeños brotes blanquecinos. Este moho no es peligroso, pero conviene retirarlo con el borde de una cuchara antes de que pueda consolidarse, relegando a un segundo plano a los microorganismos que se desea mantener en la madre. Si el moho prevalece, la madre estará destinada a desaparecer.

Cuando se vaya a emplear una madre hecha en casa para preparar una remesa de vinagre, esta debe sacarse del vino en el que se ha formado y ha de pasarse a otra jarra o recipiente. El vino que queda en la jarra en la que se ha desarrollado la madre se habrá convertido en vinagre, aunque es posible que no tenga aún todo el sabor que se desea.

VINAGRES COMO BEBIDA

Ciertamente, no todo el mundo se siente atraído por la idea de beber vinagre. Sin embargo, es una costumbre con gran arraigo en algunos países de Asia, en el Reino Unido y en los países del antiguo imperio británico. Los vinagres y sus variaciones contienen valiosos recursos alimentarios, que los convierten en un medio natural de aplicación generalizada en la amplia gama de opciones de fermentación de alimentos. Por otro lado, con ellos se elaboran agradables preparados que sacian la sed, al añadírsele en ocasiones agua con gas o algún tipo de bebida alcohólica.

El vinagre se ha asociado a la curación de múltiples enfermedades, como la diabetes o la osteoporosis. ¿Es posible que algo que la mayoría de las personas solo consideran como aderezo para las ensaladas resulte en realidad realmente beneficioso para la salud? Aunque los estudios científicos sobre la relación entre el vinagre y los diversos efectos saludables que se le han atribuido son escasos, son en cambio abundantes las evidencias puntuales en registros tanto actuales como históricos. Algunas de ellas están siendo investigadas en profundidad, en especial las relativas a la diabetes y al efecto del vinagre en la producción de insulina.

Beber vinagre, generalmente diluido en agua, se ha considerado beneficioso para quienes sufren de osteoporosis. Hay datos que indican que beber un poco de vinagre diluido antes de tomar alimentos con alto contenido en calcio puede contribuir a mejorar la absorción intestinal de este mineral. Ello ciertamente favorece a los enfermos de osteoporosis, patología que produce un debilitamiento óseo que con frecuencia da lugar a fracturas.

Se sabe, por otra parte, que los ácidos contenidos en el vinagre tienen capacidad para modificar el medio intestinal. De este modo disminuye la velocidad a la que los hidratos de carbono son digeridos. Ello supone que el azúcar se libera al torrente circulatorio más lentamente. En la actualidad se están realizando estudios sobre los mecanismos a través de los cuales esta ralentización puede beneficiar a los diabéticos.

Cuando se bebe vinagre, eso sí, es importante diluirlo con agua, ya que, de no ser así, los ácidos que contiene resultan perjudiciales para el esmalte dental.

Aunque en ocasiones se afirma que el vinagre aporta una amplia variedad de vitaminas, minerales y otros nutrientes saludables, el Departamento de Agricultura de Estados Unidos (USDA, por sus siglas en inglés), no ha confirmado que el contenido de esos componentes en los diferentes tipos de vinagre sea cuantitativamente significativo. Sin embargo, el vinagre puro no filtrado sí contiene microorganismos vivos. Aun después de colarlo con un paño para hacer queso, en el vinagre permanecen minúsculos fragmentos de la madre flotando sobre su superficie. Ese es el motivo por el que el vinagre puro suele presentar un aspecto turbio y restos de sedimento posados en el fondo de la botella que lo contiene. Las partículas flotantes son el origen de los microorganismos beneficiosos que favorecen la mejora del estado del intestino. Por su parte, los sedimentos del fondo son la demostración de que en el vinagre viven y se desarrollan esos microorganismos que, no obstante, mueren cuando el vinagre es pasteurizado.

SHRUBS

Los antiguos colonos estadounidenses mantuvieron la tradición británica de conservar las frutas en vinagre y azúcar. Este vinagre agridulce se combinaba con agua para obtener un refresco muy eficaz para mitigar la sed. Los *shrubs* formaban parte con frecuencia de los ponches, bebidas con frutas muy populares hace algunas décadas. En la actualidad los *shrubs* están siendo redescubiertos y cada vez se sirven con más asiduidad en modernos y vanguardistas establecimientos de coctelería y en restaurantes.

Estos *shrubs*, también conocidos como jarabes o siropes, se elaboran con cantidades iguales de fruta fresca, azúcar y vinagre. Entre los más populares se cuentan los preparados con bayas, aunque también los hay de frutas de árboles frutales, hierbas y especias, e incluso de verduras y hortalizas.

PASTEURIZACIÓN DE VINAGRES Y *SHRUBS*

Si se dispone de suficiente espacio en el frigorífico para conservar los vinagres y *shrubs*, no hay necesidad de pasteurizarlos. Sin embargo, si se embotellan y se guardan en un armario o una despensa sí deben ser pasteurizados.

Para hacerlo se procede de la forma siguiente:

1. Calentarlos ligeramente a fuego bajo, hasta una temperatura de unos 80 °C.
2. Verter el vinagre en botellas con un embudo.
3. Tapar bien las botellas.
4. Conservar en un armario o en la despensa, en una parte protegida de la luz solar directa.

Vinagre de piña

PARA PREPARAR 1 LITRO

- FERMENTO LÁCTICO
- FERMENTACIÓN A TEMPERATURA AMBIENTE
- TIEMPO DE FERMENTACIÓN: 2 O 3 DÍAS

Las enzimas contenidas en la piña fresca producen un vinagre muy activo que presenta una singular efervescencia. Los envases que lo contengan deben abrirse con cuidado para evitar explosiones.

1 Piña de tamaño mediano

½ Cucharadita de pimienta roja en copos

2 Cucharaditas de orégano seco o 2 ramitas de orégano fresco

2 Litros de agua filtrada

1. Cortar la piel de la piña; introducirla en un frasco para conservas de 2 litros de capacidad.
2. Cortar la pulpa de la piña en sentido longitudinal en cuartos. Cortar el corazón de la piña en trozos y pasarlos al frasco para conservas, junto con la piel (la parte comestible de la piña puede tomarse como postre o para preparar ensaladas de frutas, salsas y otras elaboraciones).
3. Añadir los copos de pimienta roja y el orégano al frasco para conserva. Verter el agua sobre la piel y el corazón de la piña por completo hasta alcanzar un nivel a unos 2 centímetros del borde del recipiente.
4. Tapar el frasco y dejar fermentar a temperatura ambiente (de 18 a 21 °C) durante 2 o 3 días.
5. Colar el vinagre de piña y pasarlo a frascos limpios con tapa de rosca o cierre de estribo metálico,
6. Conservar en el frigorífico en frascos bien tapados, hasta 2 semanas.

Vinagre de vino tinto

PARA PREPARAR 2 LITROS DE VINAGRE

- MADRE DE VINAGRE
- FERMENTACIÓN A TEMPERATURA AMBIENTE, DE ENTRE 21 Y 24 °C
- TIEMPO DE FERMENTACIÓN: DE 3 SEMANAS A 4 MESES

Para conseguir mejores resultados, conviene utilizar un vino de producción orgánica, sin sulfitos. Algunos expertos en elaboración de vinagres consideran que los vinos afrutados son los que producen vinagres de mayor calidad, aunque otros afirman que esta condición carece de importancia. En general, los remanentes de las botellas de vino se utilizan para elaborar vinagre o para nutrir la madre y mantenerla vigorosa.

1 MADRE DE VINAGRE Y UNOS 250 MILILITROS DE VINAGRE

2 LITROS DE VINO TINTO

1/2 LITRO DE AGUA FILTRADA

1. Poner la madre del vinagre y el vinagre en una vasija o frasco de vidrio o cerámica.
2. Verter con cuidado el vino y el agua sobre ellos, de modo que discurran sobre un lado del envase, en vez de verterlos directamente sobre la madre y el vinagre.
3. Tapar el frasco o la vasija con un paño para hacer queso. Asegurarlo con una cuerda o con una goma elástica. Guardarlo en un lugar cálido, protegido de la luz solar, a una temperatura de entre 21 y 24 °C.
4. Dejar que el vinagre fermente hasta que se haya desarrollado un aroma intensamente ácido y hasta que se haya formado una nueva madre, durante un periodo de entre 3 semanas y 4 meses, dependiendo de las condiciones ambientales de la cocina y del nivel de acidez que se prefiera.
5. Si se utiliza una vasija o recipiente con grifo o espita, extraer alrededor de 1 litro del vinagre a través de él. En caso de emplear un recipiente sin grifo, el vinagre se puede sacar con un cazo o cucharón, prestando atención a no tocar la madre con él.

6. Colar el vinagre con un colador recubierto por un paño de hacer queso, pasándolo a botellas o frascos limpios y cerrarlos bien.
7. Conservar a temperatura ambiente en un armario o una despensa, protegiendo los envases de la luz solar directa, durante 4 meses o más.

Recuerda: A las 3 semanas debe comprobarse si el cultivo iniciador ha hecho su efecto en el correcto proceso de fermentación, primero oliéndolo y, después, probando su sabor. Para olfatear el aroma del vinagre sin experimentar una sensación desagradable en las fosas nasales, es preferible hacerlo con la nariz situada detrás de la boca del envase, no directamente sobre él. Agitar levemente el vinagre antes de olerlo. Si el aroma es aún débil, debe dejarse que continúe la fermentación. Si el líquido ya huele a vinagre, debe probarse para evaluar su sabor. En caso de que la intensidad del mismo no sea la deseada, la fermentación se prolonga 1 o 2 semanas más. Si se prefiere, una vez terminado, el vinagre embotellado puede conservarse en el frigorífico.

Variaciones:

VINAGRE DE VINO BLANCO
Reemplazar el vino tinto por un vino blanco seco.

VINAGRE DE CHAMPÁN O CAVA
El champán, el cava o cualquier otro tipo de vino espumoso pueden sustituir al tinto.

VINAGRE DE JEREZ
Reemplazar el vino tinto por jerez seco o dulce.

VINAGRE DE SIDRA
En vez de vino tinto es posible emplear sidra de manzana o de pera.

VINAGRE DE MALTA
En él se utiliza cerveza en vez de vino tinto.

Shrub de moras

PARA PREPARAR 2 BOTELLAS DE ½ LITRO DE CAPACIDAD

- FERMENTO LÁCTICO
- FERMENTACIÓN A TEMPERATURA AMBIENTE,
- TIEMPO DE FERMENTACIÓN: DE 5 A 9 DÍAS

½ KILO DE MORAS

400 GRAMOS DE AZÚCAR

½ LITRO DE VINAGRE DE VINO TINTO

1. Mezclar las moras y el azúcar en un bol grande.
2. Aplastar la mezcla con un mazo de cocina de madera, un prensador de patatas o, simplemente, con las manos limpias.
3. Tapar el recipiente con un paño para hacer queso o con un paño de cocina limpio. Asegurarlo con una cuerda o con una goma elástica.
4. Fermentar a temperatura ambiente hasta que el azúcar se haya disuelto por completo, tras un periodo de entre 8 horas y 2 días.
5. Añadir el vinagre.
6. Cubrir de nuevo el recipiente con un paño para hacer queso o con un paño de cocina limpio y volver a asegurarlo con una cuerda o con una goma elástica.
7. Fermentar a temperatura ambiente hasta que la bebida haya adquirido un intenso sabor agridulce, dejando entre 4 y 7 días.
8. Colar el *shrub* con un colador de malla fina o un paño para hacer queso.
9. Pasar el líquido a frascos o botellas limpios y taparlos bien.
10. Conservar la preparación en envases cerrados en el frigorífico, hasta 2 meses.

Variaciones:

SHRUB DE CEREZAS
Reemplazar las moras por cerezas deshuesadas. Si es posible, en este caso es preferible utilizar vinagre balsámico en vez de vinagre de vino tinto.

SHRUB DE FRESA Y RUIBARBO
Sustituir las moras por 300 gramos de fresas cortadas en cuartos y 300 gramos de ruibarbo cortado en láminas finas.

CAPÍTULO 12

Bebidas alcohólicas y no alcohólicas

Preparar bebidas fermentadas puede ser una iniciativa de resultados deliciosos y sumamente gratificante. Algunas bebidas, como los refrescos de frutas, están listas para su consumo en pocos días. Otras, como el hidromiel o el vino, requieren un poco más de paciencia.

En algunas de las sencillas bebidas de este capítulo se emplea probiótico de jengibre. Se trata de un tipo de sustrato iniciador que debe prepararse, como se prepara una masa madre. Se mezclan jengibre, azúcar y agua y se deja que fermenten. Se nutre esta mezcla diariamente durante 4 o 5 días seguidos, hasta que el probiótico de jengibre esté burbujeante y tenga un intenso olor a cerveza o levadura. Si se añade esta mezcla a cualquier zumo de frutas y se deja fermentar, se cambia el sabor del zumo en cuestión y se le da un toque de efervescencia.

Llegados a este punto, conviene apuntar una advertencia: los refrescos de este tipo pueden adquirir fuerza al fermentar. Si se conservan en botellas tapadas mientras fermentan, es posible que haya que «airearlos» unas cuantas veces en las fases iniciales de la fermentación para que no acumulen demasiada presión. Cuando se abre una botella de una bebida de fermentación casera, hay que estar preparado porque lo más probable es que salga mucha espuma.

Otras bebidas de este capítulo fermentan con tipos específicos de levaduras. Estas variedades de levaduras han sido purificadas para la obtención de resultados fiables. Existen levaduras de fermentación para una amplia variedad de cervezas y vinos. Y también hay cepas de levaduras para la sidra y el hidromiel. Véase la sección Recursos en la página 151.

EQUIPO, INGREDIENTES Y TÉCNICAS BÁSICAS

La mayor parte del equipo que se necesita para preparar bebidas fermentadas se encuentra en cualquier cocina. Los refrescos de tipo gaseosa resultan especialmente sencillos de preparar. Solo se necesita un recipiente (sirven perfectamente los frascos de vidrio para conservas), un paño de queso y varias botellas limpias para almacenarlos.

Las bebidas alcohólicas requieren elementos adicionales que complementen este equipo básico, pero que son similares a los utilizados para preparar cualquier alimento fermentado:

- Válvulas de aire
- Equipo de sifón (tubos, abrazaderas y dispositivo embotellador)
- Cuba o contenedor para aplastar uvas
- Cacerolas grandes para calentar el mosto de cerveza
- Recipientes para la fermentación primaria y secundaria
- Termómetros flotantes
- Hidrómetro para medir los niveles de azúcar y alcohol
- Bolsas de redecilla de nailon para colar
- Embudo
- Cepillo para botellas
- Botellas y tapones o corchos
- Solución o tabletas esterilizantes (véase la página 39 para más información sobre el equipo de esterilización).

Se pueden encontrar otros utensilios y aditivos en tiendas especializadas en equipos de fermentación o en Internet. Para saber algo más sobre cómo preparar cerveza o vino en casa, véase la sección Recursos en la página 151.

Probiótico de jengibre para refrescos

PARA PREPARAR ½ LITRO

- FERMENTO LÁCTICO
- FERMENTACIÓN A TEMPERATURA AMBIENTE
- TIEMPO DE FERMENTACIÓN: 5 DÍAS

Este probiótico es equiparable a una masa madre. Es necesario nutrirlo durante 5 días consecutivos, antes de que sea estable y esté listo para su uso. Después hay que nutrirlo con frecuencia semanal para mantenerlo vivo y reponerlo cuando se utilice en la preparación de refrescos caseros.

DÍA 1

3 CUCHARADAS DE JENGIBRE FRESCO PICADO

3 CUCHARADAS DE AZÚCAR

3 CUCHARADAS DE AGUA

Mezclar el jengibre, el azúcar y el agua en un frasco de vidrio de ½ litro de capacidad con cierre hermético, tapar y dejar que fermente a temperatura ambiente durante 24 horas.

DÍAS 2 A 5

Los días 2, 3, 4 y 5 el probiótico debe nutrirse añadiendo 3 cucharadas adicionales de jengibre pelado y picado, 3 cucharadas de azúcar y otras 3 de agua. Al final del día 5, se debería disponer de aproximadamente ½ litro de probiótico de jengibre.

El probiótico de jengibre puede utilizarse inmediatamente o mantenerse en el frigorífico. Si se conserva, debe alimentarse una vez a la semana. Puede utilizarse en lugar de cualquier otro fermento para preparar refrescos.

Ginger Ale

PARA PREPARAR 2 LITROS

- FERMENTO DE JENGIBRE
- FERMENTACIÓN A TEMPERATURA AMBIENTE
- TIEMPO DE FERMENTACIÓN: 2 O 3 HORAS

A medida que el ginger ale fermenta, los gases se acumulan en la botella. Debe quitarse el tapón o la tapa con mucho cuidado. En ocasiones, el líquido entra en efervescencia al abrir por primera vez el recipiente.

2 LITROS DE AGUA FILTRADA

200 GRAMOS DE AZÚCAR

200 GRAMOS DE JENGIBRE FRESCO PICADO

250 MILILITROS DE ZUMO DE LIMA O LIMÓN

250 MILILITROS DE PROBIÓTICO DE JENGIBRE

1. Para preparar mosto de jengibre hay que calentar el agua, el azúcar, el jengibre y el zumo de limón en una cacerola de acero inoxidable a fuego mediano hasta que el azúcar se disuelva. A continuación, se traslada el mosto a una vasija o a tarros grandes. Se deja enfriar a temperatura ambiente.
2. Añadir el probiótico de jengibre al mosto. Se cubre con un paño de queso y se deja que fermente a temperatura ambiente hasta que muestre efervescencia y espuma, 2 o 3 días.
3. Colar el ginger ale y pasarlo a botellas de vidrio con tapón de rosca o tapón hermético de estribo metálico.
4. El ginger ale así preparado puede beberse inmediatamente o conservarse en botellas de cierre hermético en el frigorífico hasta 2 semanas.

Refresco de frutas

PARA PREPARAR 2 LITROS

- PROBIÓTICO DE JENGIBRE
- FERMENTAR A TEMPERATURA AMBIENTE
- TIEMPO DE FERMENTACIÓN: 3 DÍAS

50 Mililitros de probiótico de jengibre (página 127)
2 Litros de zumo de frutas fresco o envasado (véase nota)

1. Introducir 2 cucharadas de probiótico de jengibre en 2 frascos limpios de 1 litro. Verter el zumo de frutas sobre el probiótico.
2. Cubrir con un paño de queso y dejar fermentar a temperatura ambiente hasta que se produzcan espuma y efervescencia, en un plazo de 2 o 3 días.
3. Colar el refresco en botellas de vidrio y cerrar con tapones de rosca o de estribo metálico.
4. El refresco puede consumirse de inmediato o conservarse en botellas de cierre hermético en el frigorífico hasta 2 semanas.

Recuerda: Puede utilizarse cualquiera de los siguientes zumos de frutas o verduras u hortalizas, recién hechos o adquiridos ya envasados (incluso pasteurizados).

- Zumo de remolacha
- Zumo de naranja sanguina
- Zumo de arándanos azules
- Zumo de apio
- Agua de coco
- Zumo de arándanos rojos
- Zumo de pepino
- Zumo de uvas
- Zumo de limón (diluido con agua y endulzado)
- Zumo de mango
- Zumo de naranja
- Zumo de frambuesa
- Zumo de tomate
- Zumo de sandía

Para obtener más sabores, se pueden añadir hierbas, como:

- Albahaca
- Cilantro
- Menta
- Perejil
- Estragón
- Tomillo

SCOBY y té iniciador para *kombucha*

PARA PREPARAR 1 SCOBY Y 3 TAZAS DE TÉ INICIADOR

■ TIEMPO DE PREPARACIÓN: DE 2 A 4 SEMANAS

Si se va a utilizar kombucha comercial para cultivar SCOBY, muchos expertos en fermentación sugieren recurrir a la kombucha pura. Se debe intentar encontrar marcas que sean de producción orgánica y que incluyan términos como «fresca» o «cruda» en su etiqueta. Pueden encontrarse en la sección de refrigerados, junto a los alimentos naturales frescos. El acrónimo SCOBY quiere decir cultivo simbiótico de bacterias y levaduras (del inglés Symbiotic Culture Of Bacteria and Yeast). En esta receta se preparan SCOBY y té iniciador para la fermentación de 2 litros de kombucha, así como para crear un «SCOBY hotel» (página siguiente), que mantiene el SCOBY vivo y activo para nuevas remesas.

250 MILILITROS DE AGUA

1 BOLSITA DE TÉ NEGRO

3 CUCHARADAS DE AZÚCAR

½ LITRO DE KOMBUCHA PURA COMERCIAL, CON CULTIVOS VIVOS

1. Llevar el agua a ebullición y verter sobre una bolsa de té en una tetera.
2. Dejar en infusión durante 10 minutos (el té debe estar bastante fuerte). Sacar la bolsa de té. Añadir el azúcar y remover.
3. Pasar el té endulzado y la *kombucha* a un frasco de vidrio de conservas de 2 litros. Cubrir con un paño de queso ajustado con una goma elástica o una cuerda.
4. Dejar que fermente a temperatura ambiente hasta que se forme una masa de aspecto gelatinoso en la parte superior, entre 2 y un máximo de 4 semanas.
5. Es posible que aparezcan burbujas y hebras pegadas a los lados y a la base del SCOBY. Son buenos.
6. Cuando el SCOBY tenga un grosor aproximado de 1 centímetro, puede emplearse para la *kombucha* inmediatamente o conservarse en un «SCOBY hotel» (véase página siguiente).

Preparación de un SCOBY hotel

El líquido en el que crece el SCOBY original se conoce como «té iniciador». Dado que solo se necesitan 250 mililitros para preparar 2 litros de bebida, se puede utilizar el resto del té iniciador para conservar el SCOBY entre una remesa y la siguiente.

El SCOBY se mantiene en un frasco de conservas de vidrio completamente cubierto con una capa del té en el que ha crecido (aproximadamente ½ litro), bien cerrado en un armario durante un máximo de 30 días. Se debe revisar el SCOBY durante el almacenamiento y, si corre peligro de secarse, ha de añadirse más *kombucha* (preparada en casa o comprada) para mantenerlo cubierto y nutrido. Se puede utilizar este método para crear un SCOBY de reserva.

Con cada remesa de *kombucha* que fermenta después de preparar la primera, crecerá nuevo SCOBY encima del anterior. Esta «cría» de SCOBY puede dejarse pegada a la madre, pero cuando el SCOBY alcanza alrededor de 5 centímetros de grosor, deben separarse los cultivos. Simplemente se desprenden con las manos absolutamente limpias. Se trasladan las «crías» a tarros como ya se ha descrito más arriba para guardarlas o compartirlas con otros aficionados a este tipo de elaboraciones.

Durante el tiempo de almacenamiento, se cubre el SCOBY con un paño de tejido grueso o varias capas de paño de hacer queso, con el fin de mantener el frasco resguardado de los insectos, el polvo y la suciedad, pero permitiendo que entre el aire que el SCOBY necesita.

Kombucha

PARA PREPARAR 2 LITROS

- SCOBY
- FERMENTACIÓN A TEMPERATURA AMBIENTE
- TIEMPO DE FERMENTACIÓN: DE 2 A 3 SEMANAS O MÁS

Se puede preparar kombucha con té negro o té verde o con una combinación de tés. No obstante, el SCOBY no encuentra los elementos nutritivos que necesita en los tés de hierbas, que se añaden a las bebidas básicamente para dar sabor. Para más instrucciones a la hora de añadir sabor a la kombucha, véase la nota en la página siguiente.

2 LITROS DE AGUA

4 BOLSITAS DE TÉ NEGRO O 2 CUCHARADAS DE TÉ SUELTO

100 GRAMOS DE AZÚCAR

½ LITRO DE TÉ INICIADOR (A PARTIR DE SCOBY EN CRECIMIENTO) O *KOMBUCHA* ADQUIRIDA EN EL COMERCIO

1 SCOBY, CASERO (PÁGINA 131) O COMPRADO

1. Llevar el agua a ebullición en una cacerola de acero inoxidable. Añadir el té y apagar el fuego. Dejar en infusión hasta que el agua esté a temperatura ambiente. Retirar y desechar las bolsas de té. Añadir el azúcar y revolver.
2. Verter el té endulzado en un frasco de vidrio de 2 litros. Añadir con cuidado el té iniciador y el SCOBY. Cubrir el frasco con un paño de queso.
3. Dejar fermentar a temperatura ambiente hasta que se forme una masa de aspecto gelatinoso en la superficie del frasco, 2 a 3 semanas.
4. Probar la *kombucha* periódicamente durante el proceso de preparación. Estará lista cuando tenga el sabor deseado. Cuanto más corto sea el tiempo de fermentación, más dulce estará. Cuando más tiempo fermente, su sabor será más agrio.
5. Pasar el SCOBY a un «SCOBY hotel» (véase página anterior).
6. Trasladar la *kombucha* a tarros de vidrio con tapa de rosca o de estribo metálico.
7. La *kombucha* puede tomarse de inmediato o conservarse en el frigorífico en botellas de cierre hermético hasta 2 semanas.

Recuerda: Si se desea añadir un poco más de efervescencia a la *kombucha*, se debe dejar fermentar a temperatura ambiente durante 1 o 2 días antes de introducirla en el frigorífico. En caso de querer añadir sabor a la *kombucha*, puede hacerse cuando haya acabado de fermentar. He aquí algunas opciones:

- Jengibre fresco
- Hierbas frescas
- Zumos o purés de frutas
- Infusiones de hierbas
- Especias

Sidra de manzana o de pera

PARA PREPARAR 10 LITROS

- LEVADURA
- FERMENTACIÓN A TEMPERATURA AMBIENTE FRESCA, DE ENTRE 15 Y 18 °C
- TIEMPO DE FERMENTACIÓN INICIAL: 3 SEMANAS
- TIEMPO DE FERMENTACIÓN SECUNDARIA: 4 SEMANAS
- TIEMPO DE ENVEJECIMIENTO: 4 SEMANAS

La diferencia entre la sidra de manzana y la de pera, también llamada «perada», se reduce exclusivamente a la fruta que se utiliza como materia prima para la bebida.

1 PAQUETE O 2 CUCHARADITAS Y ½ DE LEVADURA DE SIDRA, DE VINO O DE CHAMPÁN.

10 LITROS DE DE MOSTO DE MANZANA O DE PERA, SIN CONSERVANTES, PREFERIBLEMENTE NO PASTEURIZADO, MÁS 250 MILILITROS ADICIONALES PARA ELABORAR EL CULTIVO INICIADOR

1 KILO DE AZÚCAR MORENO

1. Preparar el cultivo iniciador mezclando la levadura y 250 mililitros del zumo de manzana o pera en un bol pequeño. Tapar y dejar fermentar a temperatura ambiente hasta que la mezcla se torne espumosa, al cabo de aproximadamente 1 hora. Introducir el iniciador en el frigorífico. Sacarlo del mismo 2 o 3 horas antes de proceder a la fermentación, para permitir que adquiera la temperatura ambiente.

2. Verter todo el remanente de zumo de manzana o pera en cazos grandes y calentar hasta una temperatura de unos 80 °C. Calentar a fuego lento durante unos 45 minutos. Agregar el azúcar moreno mientras el líquido se calienta.

3. Verter la mezcla en un cubo de fermentación y dejar enfriar hasta alcanzar la temperatura ambiente. Cubrir el cubo de fermentación e incorporar a la tapa una válvula de aire.

4. Dejar fermentar a temperatura ambiente hasta que dejen de salir burbujas por la válvula de aire y hasta que la levadura se haya asentado en el fondo del fermentador, alrededor de 3 semanas después del inicio de la fermentación.

5. Con ayuda de un sifón, pasar el mosto fermentado a un segundo cubo de fermentación esterilizado, sin alterar la capa de sedimento del fondo. Llegados a este punto del proceso, el líquido puede también embotellarse directamente,

aunque en esta fase todavía estará turbio. Tapar y fermentar hasta que la sidra se torne transparente, durante unas 4 semanas más.

6. Una vez concluido el proceso, la sidra se pasa a las botellas reservadas al efecto siguiendo las indicaciones referidas para el vino en la página 149.
7. Las botellas pueden conservarse en el frigorífico hasta 1 año.

Variación:

SIDRA DE MANZANA CON GAS

1. Para preparar una sidra de manzana con gas, o achampanada, mezclar 250 mililitros de agua con unos 150 gramos de miel o de azúcar moreno en un cazo, calentando la mezcla a fuego medio, agitando hasta que el edulcorante se haya disuelto.
2. Verter la mezcla en un cubo de fermentación o un cubo para embotellar, en cualquier caso esterilizado.
3. Utilizando un sifón, absorber la sidra transparente que queda sobre el azúcar. Agitar suavemente para homogeneizar.
4. Pasar la sidra a botellas esterilizadas. Dejar fermentar a temperatura ambiente durante 4 semanas.
5. Introducir las botellas en el frigorífico. Las botellas de sidra pueden consumirse durante un periodo de hasta 1 año.

Kvass de remolacha

PARA PREPARAR 2 LITROS

- FERMENTO LÁCTICO
- FERMENTACIÓN A TEMPERATURA AMBIENTE
- TIEMPO DE FERMENTACIÓN: DE 3 A 4 DÍAS

El kvass *es un saludable tónico rico en nutrientes, que ha demostrado que ayuda a depurar el organismo de toxinas y a mejorar la digestión. Algunos estudios están investigando los mecanismos a través de los cuales una bebida fermentada con* kvass *puede resultar beneficiosa para los enfermos de cáncer. En cualquier caso el* kvass *tiene otras virtudes, además de las meramente curativas. Puede disfrutarse de él como bebida, por su refrescante sabor, o como complemento con un suave toque agrio de aderezos para ensalada, sopas, guisos y salsas.*

3 REMOLACHAS DE TAMAÑO MEDIO

1 LITRO DE AGUA FILTRADA, O MÁS, SI ES NECESARIO

50 MILILITROS DE SUERO DE LECHE (PÁGINA 77)

1 CUCHARADA DE SAL MARINA

1. Pelar las remolachas y cortarlas en trozos no demasiado pequeños. Poner la remolacha troceada en un recipiente de vidrio o cerámica de 2 litros de capacidad.
2. Mezclar el agua, el suero de leche y la sal y verter la mezcla sobre la remolacha. Añadir más agua, si es preciso, hasta cubrir por completo la remolacha. Tapar bien el recipiente.
3. Fermentar a temperatura ambiente hasta que el líquido, burbujeante, desprenda un agradable aroma amargo, después de transcurridos 3 o 4 día. Colar el *kvass*.
4. La bebida puede tomarse de inmediato.
5. Pasar el *kvass* a frascos limpios y cerrarlos bien. Conservar en el frigorífico hasta 2 meses.

Recuerda: Puede guardarse una parte del *kvass*, para que reemplace al suero de leche cuando se prepara una segunda remesa.

Hidromiel

PARA PREPARAR 4 LITROS

- LEVADURA
- FERMENTACIÓN A TEMPERATURA AMBIENTE, DE ENTRE 15 Y 18 °C
- TIEMPO DE FERMENTACIÓN INICIAL: 4 SEMANAS
- TIEMPO DE FERMENTACIÓN SECUNDARIA: 4 SEMANAS
- TIEMPO DE ENVEJECIMIENTO: 1 SEMANA

Para obtener un hidromiel, también llamado «aguamiel», más seco y con mayor contenido de alcohol, se puede aumentar la cantidad de miel hasta 3 kilos.

4 LITROS DE AGUA FILTRADA, MÁS 200 MILILITROS PARA ABLANDAR LA LEVADURA

2 KILOS DE MIEL DE TRÉBOL

1 PAQUETE O 2 CUCHARADITAS Y ½ DE LEVADURA PARA HIDROMIEL O LEVADURA DE VINO O DE CHAMPÁN

1. Calentar 2 litros del agua en un cazo grande hasta una temperatura de 32 °C. Añadir la miel y remover de manera constante a fuego muy bajo durante 4 o 5 minutos, hasta que el agua y la miel formen una masa homogénea, con cuidado de que no se queme. Retirar del fuego.
2. Agregar los otros 2 litros de agua, removiendo de vez en cuando hasta que la mezcla se enfríe y la temperatura ambiente se reduzca hasta situarse entre 15 y 18 grados.
3. Mientras se enfría la mezcla de agua y miel, verter la levadura en los 200 mililitros de agua restantes. Agitar y dejar aparte para que la levadura se ablande, durante unos 20 minutos.
4. Pasar la mezcla de miel ya enfriada a un cubo de fermentación esterilizado. Añadir la levadura ablandada.
5. Cubrir el cubo con una tapa con válvula de aire y proceder a la fermentación hasta que esta haya prácticamente concluido, a las 3 o 4 semanas. En ese momento la válvula expulsará una burbuja aproximadamente cada 60 segundos.

6. Pasar con un sifón la mezcla a un segundo cubo de fermentación esterilizado, dejando en el primero la mayor cantidad de sedimento que sea posible. Cubrir también en este caso con una tapa con válvula de aire y fermentar otras 3 o 4 semanas más, hasta que el color del hidromiel sea claro.

7. Pasar el hidromiel a botellas esterilizadas con ayuda de un sifón. Tapar bien las botellas.

8. Envejecer en el frigorífico al menos 1 semana más. La bebida se conserva hasta 1 año.

Hidromiel de moras

PARA PREPARAR 4 LITROS

- LEVADURA
- FERMENTACIÓN A TEMPERATURA AMBIENTE, DE ENTRE 15 Y 18 °C
- TIEMPO DE FERMENTACIÓN INICIAL: DE 3 A 4 SEMANAS
- TIEMPO DE FERMENTACIÓN SECUNDARIA: DE 3 A 4 SEMANAS
- TIEMPO DE ENVEJECIMIENTO: 1 SEMANA

300 GRAMOS DE MORAS FRESCAS O CONGELADAS

1 CLAVO DE OLOR

1 VAINA DE VAINILLA CORTADA LONGITUDINALMENTE

4 LITROS DE AGUA FILTRADA, MÁS 200 MILILITROS PARA ABLANDAR LA LEVADURA

2 KILOS DE MIEL DE TRÉBOL

1 PAQUETE DE LEVADURA RED STAR PREMIER CUVÉE U OTRA LEVADURA DE VINO ESPUMOSO

1. Para preparar las moras, descongelarlas si son congeladas y aplastarlas con las manos o con un prensador de patatas.
2. Hacer un saquito con un paño para hacer queso húmedo que contenga el clavo y la vaina de vainilla, dejando un extremo de esta fuera del saquito para poder retirarlo con mayor facilidad más tarde.
3. Calentar 2 litros del agua en un cazo grande hasta una temperatura de 32 °C. Añadir la miel y remover de manera constante a fuego muy bajo durante 4 o 5 minutos, hasta que el agua y la miel formen una masa homogénea, con cuidado de que no se queme. Retirar del fuego.
4. Agregar los otros 2 litros de agua, removiendo de vez en cuando hasta que la mezcla se enfríe y alcance la temperatura ambiente, de entre 15 y 18 °C.
5. Mientras se enfría la mezcla de agua y miel, verter la levadura en los 200 mililitros de agua restantes. Agitar y dejar aparte para que la levadura se ablande, durante unos 20 minutos.

6. Pasar la mezcla de miel ya enfriada a un cubo de fermentación esterilizado. Añadir la levadura ablandada, las moras y su jugo y el saquito con el clavo y la vainilla.
7. Cubrir el cubo con una tapa con válvula de aire y proceder a la fermentación hasta que esta haya prácticamente concluido, a las 3 o 4 semanas. En ese momento la válvula expulsará una burbuja aproximadamente cada 60 segundos.
8. Probar el hidromiel. Retirar el saquito con el clavo y la vainilla, si se considera que el sabor es el adecuado.
9. Pasar con un sifón la mezcla a un segundo cubo de fermentación esterilizado., dejando en el primero la mayor cantidad de sedimento que sea posible. Cubrir también en este caso con una tapa con válvula de aire y fermentar otras 3 o 4 semanas, hasta que el color del hidromiel sea transparente.
10. Pasar el hidromiel a botellas esterilizadas con ayuda de un sifón. Tapar bien las botellas.
11. Envejecer en el frigorífico al menos 1 semana más. La bebida se conserva hasta 1 año.

Cerveza de raíz

PARA PREPARAR 2 LITROS Y ½ DE CERVEZA

- PROBIÓTICO DE JENGIBRE
- FERMENTACIÓN A TEMPERATURA AMBIENTE
- TIEMPO DE FERMENTACIÓN: 2 DÍAS

El extracto de cerveza de raíz puede adquirirse en tiendas especializadas en fermentación o bien online, aunque su elaboración en casa resulta sencilla, si se tiene acceso a los ingredientes básicos para prepararla. Por lo demás, estos ingredientes pueden hallarse en tiendas de alimentos naturales y medicinales bien abastecidas. Otra posible fuente de estos componentes son páginas web como las de empresas dedicadas a la elaboración y comercialización de alimentos naturales, hierbas aromáticas y aceites esenciales, como Mountain Rose Herbs (véase Recursos en la página 151).

3 LITROS DE AGUA FILTRADA

50 GRAMOS DE RAÍZ DE SASAFRÁS DESECADA

50 GRAMOS DE HOJA DE GAULTERIA

50 GRAMOS DE RAÍZ DE ZARZAPARRILLA SECA

1 TROZO DE RAÍZ DE REGALIZ, DE UNOS 10 CENTÍMETROS, CORTADO EN TROZOS

1 VAINA DE VAINILLA ABIERTA

1 VAINA DE CANELA

3 CÁPSULAS DE ANÍS ESTRELLADO ENTERAS

1 CUCHARADA DE JENGIBRE FRESCO PICADO

1 CUCHARADA DE RAÍZ DE DIENTE DE LEÓN SECA

1 CUCHARADA DE RAÍZ DE BARDANA SECA

1 CUCHARADA DE FLORES DE LÚPULO DESMENUZADAS

1 CUCHARADA DE CORTEZA DE ABEDUL SECA

1 CUCHARADA DE CORTEZA DE CEREZO SILVESTRE SECA

1 CUCHARADITA DE BAYAS DE ENEBRO SECAS

2 TIRAS DE CÁSCARA DE NARANJA, DE 5 A 8 CENTÍMETROS DE LARGO Y DE 1 CENTÍMETRO DE ANCHO

300 Gramos de azúcar de caña sin refinar

1 Cucharadita de melaza

100 Mililitros de bebida probiótica de jengibre (página 127)

1. Para preparar el extracto, llevar a ebullición 1 litro y ½ de agua en un cazo grande a fuego fuerte.
2. Agregar la raíz de sasafrás, las hojas de gaulteria, la raíz de zarzaparrilla, la raíz de regaliz, la vaina de vainilla, la vaina de canela, el anís estrellado, el jengibre, la raíz de diente de león, la raíz de bardana seca, las flores de lúpulo, la corteza de abedul, la corteza de cerezo silvestre y las bayas de enebro.
3. Cocer a fuego mínimo con el cazo sin tapar durante unos 20 minutos hasta que se unifiquen los sabores. Agregar la cáscara de naranja, el azúcar y la melaza. Remover durante 10 minutos más hasta que el azúcar se haya disuelto y los aromas de las especias, las raíces y la cáscara de naranja se hayan incorporado plenamente al líquido de cocción.
4. Retirar del fuego y pasar el líquido por un colador, recibiendo con un paño de hacer queso a un frasco o cubo de plástico para conservas de 4 litros. Añadir el preparado probiótico de jengibre y pasar la cerveza de raíz a botellas esterilizadas. Taparlas bien y dejar fermentar a temperatura ambiente durante 2 días.
5. Probar el sabor de una muestra de una de las botellas. Si es el adecuado, interrumpir la fermentación pasando las botellas al frigorífico.
   En caso contrario, dejar fermentar a temperatura ambiente 1 día más y probar de nuevo.
6. Introducir la cerveza de raíz en el frigorífico, donde puede conservarse hasta 3 meses.

Cerveza de base

PARA PREPARAR UNOS 15 LITROS
(APROXIMADAMENTE 50 BOTELLAS DE UN TERCIO DE LITRO)

- LEVADURA
- FERMENTACIÓN A TEMPERATURA AMBIENTE, DE ENTRE 15 Y 18 °C
- TIEMPO DE FERMENTACIÓN INICIAL: DE 1 A 2 SEMANAS
- TIEMPO DE FERMENTACIÓN SECUNDARIA: DE 2 A 4 SEMANAS
- TIEMPO DE ENVEJECIMIENTO: 1 SEMANA

La fermentación casera de cerveza siempre ha sido popular entre los aficionados a este tipo de actividades. La técnica para llevarla a cabo no es compleja, siempre que se disponga de los ingredientes y del equipo necesarios. Encontrar todo lo que se precisa para elaborar cerveza en casa es fácil a través de Internet, aunque, si hay una tienda especializada en fermentación en las proximidades del domicilio, visitarla siempre puede merecer la pena. En este tipo de establecimientos se suele hallar una amplia y diversificada oferta de cereales, acondicionadores, maltas, levaduras y equipamiento. En relación con la proporción exacta de lúpulo, el tipo del mismo (o la pertinente mezcla de lúpulos) o la clase de levadura que han de utilizarse, se trata de cuestiones que suscitan intensas controversias.

El método de fermentación de la cerveza se considera de fermentación en caliente o de «cultivo en superficie», ya que en él la levadura fermenta a una temperatura caliente y se forma una capa espumosa en la parte superior del líquido fermentado.

La limpieza de los materiales utilizados es esencial en cualquier tipo de fermentación. No obstante, en el caso de la cerveza, se ha de ir incluso un paso más allá a la hora de esterilizar todos los utensilios y recipientes que se empleen al fermentar y conservar el producto obtenido. Ello incluye objetos en los que la importancia de la limpieza podría tal vez pasar desapercibida, como pueden ser los termómetros o los tubos usados como sifones.

Precisamente, la utilización de estos tubos como sifones facilita la extracción del mosto de cerveza o de la propia cerveza de los recipientes utilizados para la fermentación o la conservación de la bebida, dejando los posibles sedimentos en el fondo. De hecho, si tales sedimentos se levantan y se dispersan en la cerveza, es posible que esta se enturbie y adquiera un sabor peculiar.

3 Kilos de extracto de malta clara sin lúpulo

70 Gramos de pellets de lúpulo

1 Envase o 2 cucharaditas y ½ de levadura líquida

150 Gramos de azúcar de maíz u otro azúcar de cebada (azúcar para carbonatar la cerveza)

1. Para elaborar el mosto de cerveza disponer el extracto de malta y el lúpulo en un cazo grande. Añadir agua suficiente para cubrir por completo el contenido del cazo. Llevar a ebullición y hervir durante 1 hora. Retirar el mosto del fuego y dejar enfriar a temperatura ambiente.

2. Con ayuda de un sifón o directamente, trasvasar el mosto de cerveza a un cubo de plástico o a una garrafa, añadir la levadura y cerrar el recipiente con una tapa con válvula de aire.

3. Fermentar a temperatura ambiente, de entre 15 y 18 °C, hasta que la fermentación haya concluido, tras un periodo de entre 1 y 2 semanas. La lectura del hidrómetro para cervezas que están listas para ser embotelladas debe ser de alrededor de 1,008 para cervezas negras o con más cuerpo y de 1,010 a 1,015 para cervezas rubias más ligeras. La idoneidad del grado de fermentación también puede evaluarse simplemente probando su sabor. En esta fase del proceso, no debe haber ningún matiz de sabor dulce ni tampoco debe haber espuma en el líquido.

4. Pasar el líquido a un recipiente esterilizado con ayuda de un sifón. Agregar el azúcar de maíz y remover suavemente para mezclar el conjunto. De nuevo utilizando un sifón, transferir la cerveza a las correspondientes botellas y taparlas herméticamente.

5. Dejar envejecer la cerveza en el frigorífico durante un periodo de entre 2 y 4 semanas antes de consumirla.

Recuerda: Las cervezas pueden continuar desarrollando sus mejores matices de sabor durante varios meses. Algunos maestros cerveceros prolongan el acondicionamiento del fruto de su trabajo durante 6 meses, o incluso más. Como sucede con todos los alimentos y bebidas fermentados, el olfato es un recurso esencial para determinar si una cerveza debe o no beberse. Es conveniente tomar notas sobre las características de la cerveza a medida que va envejeciendo en cada entorno de fermentación específico.

Esta información resultará de gran utilidad para introducir los pertinentes ajustes en el proceso de fermentación cada vez que se aborde de nuevo.

Malta verde (cereal malteado)

PARA PREPARAR 7 KILOS DE MALTA

- FERMENTACIÓN A TEMPERATURA AMBIENTE
- TIEMPO DE FERMENTACIÓN: DE 3 A 6 DÍAS

Este proceso requiere disponibilidad de tiempo, espacio y capacidad para controlar las temperaturas mientras germina el cereal. Las cantidades pueden ajustarse a la baja si no resulta posible procesar todo el cereal puesto en remojo de una sola vez.

5 KILOS DE CEBADA, TRIGO, AVENA O MAÍZ (DE GRANO ENTERO)

1. Lavar el cereal en agua limpia para separar la cascarilla, que en su mayor parte quedará flotando en la superficie. Escurrir el cereal e introducirlo en un recipiente con tapa, añadiendo nuevamente agua suficiente como para cubrirlo con un exceso de unos 5 centímetros.

2. Dejar en remojo durante 8 horas, escurrir y dejar el cereal en reposo durante otras 8 horas, ya sin agua. Trascurrido ese tiempo, podrán apreciarse pequeños salientes blanquecinos en las terminaciones de los granos: son las pequeñas raicillas que brotan.

3. Extender el cereal húmedo sobre papel de cocina dispuesto sobre bandejas de horno, introducidas en bolsas de basura negras cerradas lo más herméticamente posible para evitar la entrada de aire, de modo que se retenga la humedad y el cereal quede protegido del polvo.

4. Dejar que el cereal germine a temperatura ambiente hasta que el tallo principal del brote tenga la misma longitud que el grano, cosa que suele suceder transcurridos entre 4 y 6 días de fermentación para la cebada y 3 días para el trigo, la avena o el maíz.

5. Para consultar el procedimiento de secado del cereal malteado, véase la receta de malta clara (página siguiente).

Malta clara

- SECADO EN HORNO
- TIEMPO DE SECADO: HASTA 3 DÍAS

Para determinar con éxito si la malta contiene un porcentaje apropiado de agua, es necesario pesarla antes y después de someterla a secado, con objeto de establecer si se ha extraído la cantidad de agua suficiente. Los cereales malteados pesan un 50% más que los cereales secos. El objetivo en este caso es reducir aproximadamente un 2% de agua en peso, lo que implica que el peso total de la malta clara debe ser casi el mismo que el del cereal seco con el que se inició su elaboración.

7 KILOS DE MALTA VERDE (PÁGINA ANTERIOR)

1. Extender la malta verde sobre bandejas de horno, de modo que las capas que se formen no tengan más de 1 centímetro de grosor. Colocar cada bandeja sobre una fuente de calor suave (como una manta eléctrica, una manta térmica para platas de semillero, etc.), o bien dentro del horno encendido y después mantenido en la modalidad de *stand-by* (con el piloto rojo encendido) o, si este carece de él, en el horno encendido y apagado, manteniendo la luz encendida, para obtener una temperatura de entre 38 y 50 °C, hasta que el contenido de humedad del trigo, el maíz o la avena disminuya entre un 2 y un 6% (el cereal deberá pesar unos 5 kilos), después de un secado de 2 o 3 días.
2. La cebada requiere una temperatura algo superior, de entre 60 y 70 °C, que debe mantenerse durante el secado, hasta que la malta contenga un 12 % de humedad (de modo que su peso disminuya de 7 a 6 kilos. El proceso puede durar desde 24 horas a varios días.
3. Mientras la malta se esté secando, al principio conviene darle la vuelta a intervalos de 30 minutos. Para secarla lentamente, el proceso se inicia a unos 60 °C, elevando algunos grados la temperatura cada día (aunque sin superar en ningún momento los 70 °C), a lo largo de entre 5 y 10 días. Una vez lista, la malta debe quedar crujiente y con un sabor levemente dulce.

Vino de base

PARA PREPARAR 4 LITROS DE VINO

- LEVADURA
- FERMENTACIÓN A TEMPERATURA AMBIENTE FRESCA, DE ENTRE 15 Y 18 °C
- TIEMPO DE FERMENTACIÓN INICIAL: HASTA 8 SEMANAS
- TIEMPO DE FERMENTACIÓN SECUNDARIA: HASTA 3 MESES
- TIEMPO DE ENVEJECIMIENTO: 6 MESES PARA VINOS BLANCOS Y HASTA 1 AÑO PARA VINOS TINTOS

La elaboración de vino requiere un conjunto de capacidades y conocimientos altamente desarrollados. Es posible adquirir conocimientos, e incluso obtener titulaciones, en enología y vitivinicultura, y pasar toda la vida perfeccionando la técnica de producción de un buen vino. Pero ello no equivale a afirmar que la elaboración de vino queda fuera del alcance de los entusiastas de la fermentación casera. En realidad, el proceso es sencillo: las uvas son prensadas para que liberen el zumo que contienen y las levaduras naturales presentes en la piel de las propias uvas comienzan de inmediato a hacer su trabajo, nutriéndose de los azúcares de la fruta y creciendo y reproduciéndose simultáneamente. A medida que van consumiendo los azúcares, las levaduras los transforman en alcohol. Con el tiempo, el aporte nutricional se agota y el alcohol provoca la muerte de las levaduras, con lo que la fermentación se detiene.

En el proceso de elaboración del vino, ha de prestarse especial atención a que todos los utensilios utilizados estén escrupulosamente esterilizados y después de utilizarlos han de ser lavados y limpiados a fondo. En las tiendas en las que se comercializan los productos necesarios para producir vino se pueden consultar las mejores opciones en cuanto a detergentes y lejías idóneos para estas funciones. Siempre es preferible lavar y limpiar el equipo inmediatamente antes de utilizarlo. Para preparar una solución antiséptica se pueden emplear tabletas Campden (de metabisulfito de sodio), machacándolas y disolviéndolas en 1 litro de agua.

8 KILOS DE UVAS DE VINO

1 PUNTA DE CUCHARADITA DE POLVO DE BISULFITO DE POTASIO O DE METABISULFITO DE SODIO (TABLETA CAMPDEN MACHACADA)

½ SOBRE O ½ CUCHARADITA DE LEVADURA DE VINO; 1 SOBRE PUEDE SERVIR PARA FERMENTAR DE 4 A 24 LITROS DE VINO

AZÚCAR, SEGÚN SEA NECESARIA

1. Seleccionar las uvas, descartando las que tengan un aspecto deteriorado, estén arrugadas o presenten signos de moho. Retirar los tallos.
2. Prensar bien las uvas para que desprendan su zumo (llamado mosto) y pasarlo al recipiente de fermentación primaria. Para ello lo mejor es utilizar las manos.
3. Introducir el hidrómetro en el mosto. Si la lectura del instrumento es inferior a 1,010, se puede considerar la adición de azúcar. Para hacerlo, en primera instancia se debe disolver azúcar granulado en agua filtrada. La adición de azúcar contribuye a elevar los niveles de alcohol. Agitar bien el mosto tras agregar el azúcar.
4. Añadir el bisulfito de potasio o el metabisulfito de sodio en polvo, disuelto en un poco de agua o de zumo de uva y remover bien el mosto una vez incorporado el compuesto.
5. Después de 24 horas, agregar la levadura de vino esparciéndola sobre la superficie del mosto, remover bien y cubrir el cubo de fermentación primaria con un paño; dejar que el mosto fermente durante un periodo de entre 7 y 10 días.
6. Con el paso de los días la fermentación hace que se desarrolle espuma en la parte superior (la cubierta) y que se formen sedimentos en la inferior (los posos).
7. Con ayuda de un sifón y un embudo, pasar el mosto a recipientes de vidrio esterilizados para proceder a la fermentación secundaria, sin alterar la cubierta ni los posos. Llenar estos recipientes todo lo posible, a fin de evitar que haya aire en contacto con la superficie del mosto en fermentación, y cubrir los recipientes con tapas dotadas de válvula de aire. Dejar que el mosto fermente durante un periodo de entre 6 y 8 días.
8. Utilizando nuevamente un sifón, pasar el vino a otro recipiente de vidrio limpio, para continuar la fermentación secundaria. Repetir el paso a un nuevo recipiente de fermentación cada 3 semanas, hasta que el vino esté transparente, cosa que suele suceder en torno a los 3 meses.
9. Pasar con un sifón el vino a las botellas en las que se vaya a conservar llenándolas hasta un nivel para el que se consideren la longitud del corcho y aproximadamente 1 centímetro más de espacio adicional. Insertar los corchos en las botellas.
10. Dejar las botellas en posición vertical durante 3 días. A continuación, disponerlas en horizontal. La temperatura ideal para su conservación es de unos 12 o 13 °C.
11. Dejar envejecer el vino hasta que desarrolle todo su sabor. El vino tinto requiere alrededor de 1 año de envejecimiento. El vino blanco puede tomarse tras unos 6 meses de envejecimiento.

Recursos

Equipo, cultivos, iniciadores y madres

Amazon: www.amazon.com
Cultures for Health: www.culturesforhealth.com
King Arthur Flour: www.kingarthurflour.com
Local Harvest: www.localharvest.org
Mountain Rose Herbs: www.mountainroseherbs.com
Nourished Kitchen: Reviving Traditional Foods (información, equipo,
ingredientes y recetas): http://nourishedkitchen.com
Williams-Sonoma: www.williams-sonoma.com

Leche cruda

Real Milk: www.realmilk.comjreal-milk-fmder

Equipo y suministros para fermentación*

Brew Your Own Brew: http://brewyourownbrew.com
Midwest Supplies Homebrewing and Winemaking:
www.midwestsupplies.comjhomebrewing-equipment.html
Winemakers Depot: www.winemakersdepot.com
Wine Making Superstore: www.winemakingsuperstore.com

---

*   También pueden buscarse referencias sobre equipos y suministros para fermentación
en páginas *web* de establecimientos que comercialicen este tipo de productos en cada
área geográfica específica.

Glosario

Ácido fítico: este antinutriente está presente de forma natural en algunos cereales y puede impedir que ciertos minerales saludables sean absorbidos por el organismo.

Ácido láctico: ácido que detiene el crecimiento de bacterias dañinas que podrían deteriorar el alimento. Lo producen las bacterias del género *Lactobacillus* en alimentos fermentados.

Anaeróbico: medio sin oxígeno. En fermentación es necesario un medio anaeróbico para que tenga lugar la descomposición de los hidratos de carbono y para que se produzca su conversión en azúcares.

Cuajo (y cuajada): cultivo lácteo que se obtiene dejando que la nata suba a la superficie de la leche fresca.

Fermentación primaria: fase inicial de la preparación de bebidas fermentadas; en ella es característico que la bebida de separe del sedimento trasladándola a un recipiente de fermentación secundaria o a botellas.

Garrafa: recipiente de vidrio de gran capacidad que se utiliza, entre otras aplicaciones, para la fermentación primaria.

Incubadora: cualquier dispositivo o recipiente que ayude a mantener un alimento fermentado a la temperatura deseada durante todo el proceso de fermentación.

Iniciador: nombre que se da a cualquier producto prefermentado. Los cultivos iniciadores pueden adquirirse en el mercado o prepararse en casa.

Kéfir: bebida láctea fermentada que se prepara con gránulos de kéfir.

Kimchi: col fermentada al estilo coreano, por lo general, especiada.

Koji: iniciador de fermentación que se utiliza para producir *miso* a partir de arroz o cebada. Es responsable de la descomposición de hidratos de carbono o azúcares en productos alimentarios.

Kombucha: bebida fermentada que tiene su origen en la antigua China. Se prepara a partir de un SCOBY (véase más adelante), té y azúcar. Tiene un sabor ligeramente agrio.

Kvass: bebida fermentada de origen ruso que se prepara a partir de pan de centeno o remolacha. Su sabor es similar al de la cerveza de raíz o al de los refrescos de cola.

Lactobacillus: género de bacterias que interviene en la producción de ácido láctico a partir de los hidratos de carbono. Es responsable de convertir los almidones en azúcares y ácidos y es esencial en el proceso de fermentación.

Mosto: en la preparación casera de bebidas fermentadas, nombre de la bebida o mezcla de zumos antes de añadir el iniciador y de que comience la fermentación.

Probióticos: microorganismos saludables para el intestino y para el organismo en general, presentes de forma natural en ciertos alimentos.

Salmuera: solución de agua salada para la conservación o fermentación; actúa sobre los alimentos extrayendo el agua de sus células y acaba con cualquier bacteria dañina que pudiera estropearlos.

SCOBY: cultivo simbiótico de bacterias y levaduras cuya denominación corresponde a un acrónimo del inglés *Symbiotic Colony Of Bacteria and Yeast*. Es un cultivo esencial para preparar *kombucha*.

Suero de mantequilla: cultivo de leche, tradicionalmente obtenido como subproducto al batir leche para obtener mantequilla.

Bibliografía

Azam-Ali, M. M., *Fermented Fruits and Vegetables: A Global Perspective*, Boletín de Servicios Agrícolas de la FAO, 1998, n° 134.

Fallon, Sally., *Nourishing Traditions: The Cookbook That Challenges Politically Correct Nutrition and the Diet Dictocrats*, New Trends Publishing, Warsaw, Indiana, Estados Unidos, 1999.

Katz, S. E.: *The Art of Fermentation: An In-Depth Exploration of Essential Concepts and Processes from Around the World*. Chelsea Green Publishing, White River Junction, Vermont, Estados Unidos, 2003.

Katz, S. E.: *Wild Fermentation: The Flavo/; Nutrition, and Craft of Live-Culture Foods*. Chelsea Green Publishing, White River Junction, Vermont, Estados Unidos, 2003.

Lewin, A.: *Real Food Fermentation: Preserving Whole Fresh Food with Live Cultures in Your Home*, Quarry Books, Beverly, Massachussetts, Estados Unidos, 2012.

Índice temático

Las entradas consignadas con mayúscula inicial hacen referencia a las recetas incluidas en el libro.

A

Acetobacter, 25, 29
aerobios, microorganismos, 26
agua, 16-17, 24, 26, 34, 37, 39-40, 48, 75-76, 82-88, 119, 125, 127, 131, 133, 136, 143, 145-149
  de manantial embotellada, 34
  filtrada, 34, 48-54, 56, 58-59, 62-65, 67, 94-97, 99, 106-109, 112, 120-121, 128, 137-138, 140, 142, 149
ajo, 47, 54-55, 59, 75, 106-108, 112
  Zanahoria con ajo, 48
  Pepinillos con ajo y eneldo, 58
alcohol (*véase* bebidas alcohólicas), 16, 24, 29, 31, 34, 38, 61, 115, 117, 126, 138, 148-149
alergias, 15-16
anaeróbicos, entornos, 153
anaerobios, microorganismos anaerobios, 26
antibióticos, 16, 69
arenques, 105
  en salmuera, 114
artritis, 16-17
ateroesclerosis, 16

B

bacterias, 13, 17-18, 24-26, 29-32, 69, 115, 117, 131, 153-154
  saludables, equilibrio, 15-17, 19
baguettes, 91
  Baguettes de masa madre, 99-100

balanzas, 35
  digitales, 35
bebidas, 20-21, 24-25, 27, 31, 75-76, 123, 153-154
  alcohólicas (*véase* alcohol), 29, 118, 125-149
  con frutas, 119
  dañinas, 153-154
  equipo, 125-126
  fermentadas, 13, 35, 37-38, 137, 145, 153-154
  generalidades, 125
  lácteas, 69
  nocivas, 16, 27, 37
  probióticas, 143
  sin alcohol (*véase* bebidas no alcohólicas), 125-149
  técnicas básicas de elaboración, 125-126
  vinagres como bebida (*véase* vinagre, recetas), 29, 118-119
bebidas alcohólicas (*véase* bebidas), 123-149
  Cerveza de base, 144
  equipo, 125-126
  generalidades, 125
  Hidromiel, 125, 138-139
  de moras, 140-141
  Kvass, 20, 154
  de remolacha, 109, 137
  Malta clara, 147
  Malta verde (cereal malteado), 146
  Sidra de manzana o de pera, 135-136
  técnicas básicas, 125-126

Vino de base, 148-149
bebidas no alcohólicas (véase bebidas),
    125-149
  Cerveza de raíz, 142-143
  equipo, 125-126
  generalidades, 125
  Ginger Ale, 128
  Kombucha, 21, 31, 131-132, 133-134,
    153-154
  Probiótico de jengibre para refrescos,
    127
  Refresco de fruta, 129-130
  Scobys, 31, 133, 153-154
  SCOBY y té iniciador para kombucha,
    131-132
Beneficios, 15, 24
  alergias, 15-16
  aspectos tradicionales, 24
  ayudas a la digestión, 13, 15, 117
  conservación de alimentos, 13, 27, 69,
    119
  creación de sabores complejos, 15
  equilibrio de las bacterias saludables,
    15-16, 119
  fermentación tradicional y comercial, 24,
    27
  generalidades, 13, 15, 24
  lácteos, 69
  nutricionales, 15
  pérdida de peso, 16
  potenciadores de la salud, 15-16
  producción de probióticos, 16, 27
  refuerzo de la inmunidad, 16
Berenjena en conserva, 54-55
Bollos de masa madre con suero de
    mantequilla, 103-104
Botellas, 21, 36-39, 113, 119
Botrytis cinerea, 30

C

carnes, 26, 32, 45-48, 54, 56-57, 59, 71,
    87, 105
  Corned beef, 106-107

cebollas, 20, 45-46, 57, 59, 64, 88,
    109, 114
  Cebollitas en conserva, 49
centeno, 33, 91, 154
  pan, 91, 97
  Iniciador de masa madre de centeno o
    trigo, 93-96
  Pan de masa madre de centeno, 97-98
cerámica, 93, 121
  recipientes, 37, 137
cerveza, 13, 19, 24-25, 31, 35, 37, 91,
    115, 122, 125-126, 154
  Cerveza de base, 144-145
  Cerveza de raíz, 142-143
Chucrut, 13, 20, 44-46
  envases para pepinillos, encurtidos
    y chucrut, 37
chutney, 61
  Chutney de pera, 62-63
  Chutney de piña picante, 64-65
cloro, 34
  agua no clorada, 93
col, 13, 20, 29, 44-45, 48
  china, 47
  fermentada (Kimchi), 47, 154
componentes de laboratorio, 35-40
conservación, 25, 27, 37, 116, 154
  en frío, 27, 45-46
conservas, 33-34, 43, 61, 105
  Berenjena en conserva, 54-55
  Cebollitas en conserva, 49
  Guarnición de maíz, 57
  Jengibre en conserva, 56
  Pepinillos con ajo y eneldo, 58
  Pimientos rojos en conserva, 52-53
  Remolacha en conserva, 50-51
control de los procesos, 19-27
  control del medio de fermentación, 25
  detención o reducción de la velocidad
    de la fermentación, 26-27
  generalidades, 23
  introducción o favorecimiento del
    desarrollo de cepas bacterianas
    deseables, 25-26

proceso de fermentación, 23-25
resistencia al deterioro, 27
Corned Beef, 105-107
Crema fresca, 71-72
Cuajo y cuajada, 79, 153
cubos de plástico adecuados para contener alimentos, 36, 143
cultivos simbióticos de bacterias y levaduras (SCOBY), 31, 131-132, 154
  generalidades, 31
  SCOBY y té iniciador para *kombucha*, 131-132
Curtido, 46

D

deterioro, 27, 61
digestión, 13, 15, 17-18, 81, 137
  ayuda a la digestión, 17-18
dips, 90
  Salsa *(dip)* de legumbres fermentadas, 90
Dosas (tortitas de lentejas), 88-89

E

encurtidos, 15, 25-26, 34, 36-37, 109
  Huevos en encurtido de remolacha, 109
eneldo, 58
  Pepinillos con ajo y eneldo, 58
enfermedades transmitidas por los alimentos, 27
envases, 35-39, 43-44, 116
  para fermentación, 35-39
  para pepinillos, encurtidos y chucrut, 37
equilibrio, 16, 19
  de bacterias saludables, 19
estrés emocional, 16
equipo (*véase* utensilios y recursos del laboratorio de fermentación en casa), 39, 125-126

experimentación, cuestiones relacionadas con la experimentación, 20-21, 40

F

fermentación, 13
  a temperatura ambiente, 34
  alimentos probióticos, 16-18
  beneficios nutricionales, 16-17
  control de los procesos, 23-25
  selección de los ingredientes, 33
  recetas, 45-148
  técnicas básicas, 39
  utensilios y recursos del laboratorio de fermentación en casa, 35-40
  botellas y tapones para bebidas fermentadas, 37-38
  deterioro, 27
  envases, 36-37
  métodos comerciales y tradicionales de fermentación, 15
  recipientes para fermentación, 27
  láctica, técnicas, 26, 29-30
  previa a la cocción, 81-82
  legumbres, 81-82
  masa madre, 31-32
fitatos, 18
fítico, ácido, 153
flúor en el agua, 34
frascos para conservas, vidrio, 36
fruta, 19-21, 26, 29, 32-35, 40, 61
  Chutney de pera, 62-63
  Chutney de piña picante, 64-65
  Limones en conserva, 66
  Mermelada de naranja amarga, 67
  Refresco de frutas, 129-130

G

garrafas, 36, 145, 153
gemación, 30
generación de sabores complejos, 15

Gravlax de salmón, 110-111
Guarnición de maíz, 57

H

Hidromiel, 125, 138-139
Hidromiel de moras, 140-141
hidrómetros, 24, 36, 38, 126
higiene, 39
hongos, 30-31
huevos, 105
  Huevos en encurtido de remolacha,
  109
  Huevos en salmuera, 108

I

inmunidad, refuerzo, 17
incubadoras, 39-40, 153
inflamación, 17
ingredientes, procesos, 29
  agua, 34
  bacterias, 29-30
  criterios de selección, 33
  cultivos simbióticos de bacterias y
    levaduras (SCOBY), 31-32
  granos de kéfir, 31-32
  hongos, 30-31
  iniciadores, 32-33
  leche cruda, 34
  madres, 31-32
  productos frescos del campo, 33
  sal, 33-34
  sidra, 34
  suero de leche, 31-32
iniciadores, 25
  generalidades, 32-33
  masa madre, 91-97, 116
  SCOBY y té iniciador para *kombucha*,
  131-132
  usos, 33

J

Jengibre, 125
  Cerveza de raíz, 142-143
  Ginger Ale, 128
  Jengibre en conserva, 56
  Probiótico de jengibre para refrescos,
  127
  Refresco de frutas, 129-130

K

kéfir, 21, 69, 71, 153
  granos o nódulos, 31-32
  Kéfir (receta), 76
  producido comercialmente, 32
kimchi, 13, 20, 44, 153
  Kimchi (receta), 47
koji, 153
kombucha, 21, 31, 153-154
  Kombucha (receta), 133-134
  producida comercialmente, 21
  SCOBY y té iniciador para *kombucha*,
  131-132
kosher, sal, 34
kvass. 20, 154
  Kvass de remolacha, 137

L

Laboratorio (*véase* utensilios y recursos del
  laboratorio de fermentación en casa),
  35-40
lácteos, 18, 26, 29, 32, 34, 69
  beneficios de los quesos naturales, 70
  Crema fresca, 72
  Cuajo y cuajada, 79, 153
  fermentados, 26, 70-71
  Kéfir, 76, 153
  Mantequilla y suero de mantequilla
    cultivados, 75
  Queso crema y suero de queso, 77
  Queso fresco (requesón), 78

Suero de mantequilla cultivado, 73
Yogur griego, 74
láctico, ácido, 20, 25-26, 153-154
Lactobacillus, 25-26, 29, 32, 153-154
lactofermentación, técnicas. 26, 29
leche, 13, 18-19, 69-71, 153-154
    agua, 69, 71
    cruda, 34
    entera, 30, 71
    no láctea, 32
    suero, 31-32
legumbres, 18, 21, 81-82
    Dosas (tortitas de lentejas), 88-89
    fermentación previa a la cocción,
        81-82
    Miso, 86-87
    Salsa (dip) de legumbres fermentadas,
        90
    Tempeh, 84-85
    Tofu fermentado, 83
lentejas, 88
    Dosas (tortitas de lentejas), 88-89
levaduras, 19, 23-25, 30-33, 92
    naturales, 30
Limones en conserva, 66
limpieza, 39, 105, 144

M

madre, 31-32
    Baguettes de masa madre, 99-100
    Bollos de masa madre con suero de
        mantequilla, 103-104
    células, 30
    de vinagre, 115-117
    iniciador de masa, 93-96
    masa, 30-32, 91-92
    Pan de masa madre, 97-98
    Tortitas de masa madre, 101-102
Malta, 122, 146-147
    Malta clara, 147
    Malta verde (cereal malteado), 146
    Vinagre de malta, 122
mantequilla, 30, 69-71, 154

Mantequilla y suero de mantequilla
    cultivados, 75
Suero de mantequilla cultivado, 73
manzanas, 33, 115, 122
    Sidra de manzana o de pera, 135-136
    Vinagre de sidra, 122
Mermelada de naranja amarga, 67
métodos comerciales y tradicionales de
    fermentación, 15, 26
microorganismos, 16-17, 24-26, 29, 43,
    117
    aerobios, 26
    anaerobios, 26
    beneficiosos, 119
    criófilos, 26
    facultativos, 26
    malos, 25
    mesófilos, 26
    nocivos, 13, 19
    no saludables, 16
    patógenos, 27
    probióticos, 154
    saludables, 16
    termófilos, 26
    vivos, 16, 81, 119
Miso, 86-87
mohos, 13, 18, 24-26, 30, 33, 70, 81,
    85, 92, 117
moras, 123, 140-141
    Hidromiel de moras, 140-141
    Shrub de moras, 123
mosto, 25, 154
    de cerveza, 126, 145
    de jengibre, 128

N

naranjas, 67
    Mermelada de naranja amarga, 67
Nata, 34, 70-71, 153
    Crema fresca, 72
    cuajada, 34, 153
    cuajo, 153

P

Pan, 19, 24-25, 32-33
  Baguettes de masa madre, 99-100
  Bollos de masa madre y suero de
    mantequilla, 103-104
  de centeno, 33
  de masa madre, 91-92
  de trigo, 33
  iniciador de masa madre de centeno
    o trigo, 93-96
  iniciadores, 32
  Pan de masa madre de centeno,
    97-98
  Tortitas de masa madre, 101-102
paño para hacer queso (estopilla), 35,
  55
pasteurización, 16
  vinagres, 118-119
peras, 115
  Chutney de pera, 62-63
  Sidra de manzana o de pera, 115,
    122
penicilinas, 30
pérdida de peso, efectos beneficiosos,
  16
pescado, 19-20, 71, 105
  Arenques en salmuera, 114
  Gravlax de salmón, 110-111
  Salsa de pescado fermentado,
    112-113
pesos, 36-37, 43-44
Pimientos rojos en conserva, 52-53
Piña, 64-65, 120
  Vinagre de piña, 120
  Chutney de piña picante, 46
«podredumbre noble», 15
potenciación de la salud, 64-65
prebióticos, 16
probióticos, 13, 16-17, 27, 154
  pasteurización, 27
  producción, 16
productos frescos del campo, 33

Q

queso, 13, 18-21, 24-27, 30, 70, 105,
  117, 119
  beneficios de los quesos naturales,
    70
  funciones de los hongos, 24, 30
  Queso crema y suero de leche, 77
  Queso fresco (requesón), 78

R

recetas, 41-150
  bebidas, 125-150
  carnes, 106-107
  frutas, 61-68
  huevos, 108-109
  lácteos, 69-80
  legumbres, 81-90
  pan de masa madre, 91-104
  pescados, 110-114
  verduras y hortalizas, 43
  vinagres, 115-123
recipientes de cerámica, 37
recursos, 34, 35-36, 43, 118, 151
  equipo, cultivos, iniciadores y madres,
    151
  equipo y suministros para fermentación,
    151
  leche cruda, 151
refrescos, 21, 119, 125, 154
  Cerveza de raíz, 142-143
  Ginger Ale, 128
  Probiótico de jengibre para refrescos,
    127
  Refresco de frutas, 129-130
refuerzo de la inmunidad, 17

S

sabores complejos, generación, 15
sal, 19-20, 23, 26, 32-34, 70
  kosher, 34

marina, 34
para encurtidos, 34
para fermentados, 19, 32
salmón, 20, 105
    Gravlax de salmón, 110-111
salmuera, 37, 43-44, 154
salsas, 19-20, 71, 105
    Salsa de pescado fermentado,
        112-113
    Salsa (dip) de legumbres fermentadas,
        90
    Salsa mexicana «pico de gallo» con
        tomate, 59-60
salud, potenciación de la salud, 15-16
SCOBY [véase cultivos simbióticos
    de bacterias y levaduras (SCOBY)],
    31- 153-154
    SCOBY y té iniciador para kombucha,
        131-132
seguridad, cuestiones relacionadas
    con la seguridad, 27
Shrubs, 119
    Shrub de moras, 123
sidra, 25, 31, 115, 125
    no pasteurizada, 34
    Sidra de manzana o de pera,
        135-136
    Vinagre de sidra, 122
sifones, 24, 36, 38
sueño, hábitos, 16
suero de leche, 31-32, 34, 69-70
    Queso crema y suero de leche, 77
suero de mantequilla, 70-71, 73, 154
    Bollos de masa madre con suero de
        mantequilla, 103-104
    Mantequilla y suero de mantequilla
        cultivados, 75
    Suero de mantequilla cultivado, 73

T

tapones, 36-38, 126
té, 31
    Kombucha, 31, 133-134

SCOBY y té iniciador para kombucha,
    131-132
Tempeh, 21, 81, 84-85
temperatura ambiente, fermentación,
    40
termómetros, 24, 36, 38-39, 98, 126
tofu, 81
    fermentado, 83
tomates, 33, 43
    Salsa mexicana «pico de gallo» con
        tomate, 59-60
tortas, 92
tortitas, 71, 96
    Dosas (tortitas de lentejas), 88-89
    Tortitas de masa madre, 101-102

U

usos combinados de lácteos fermentados,
    70-71
utensilios y recursos del laboratorio de
    fermentación en casa, 35-40
    bebidas, 35, 126
    botellas de vidrio y tapones, 39,
        126
    envases para fermentación, 36-37
    equipo, ingredientes y técnicas básicas,
        125-126
    fermentación a temperatura ambiente,
        40
    hidrómetros, 36, 38
    higiene, 39
    incubadoras, 39, 53
    pesos, 36-37, 43-44
    sifones, 38
    técnicas básicas, 39
    termómetros, 38
    válvulas de aire (airlock), 29,
        36-37
utensilios de cocina (véase utensilios
    y recursos del laboratorio de
    fermentación en casa), 35-36

V

válvulas de aire, 29, 36-37, 43, 82, 126
verduras y hortalizas, 29, 32, 43-44
  apuntes especiales sobre el chucrut y el *kimchi*, 44
  Berenjena en conserva, 54-55
  Cebollitas en conserva, 49
  Chucrut, 45
  Curtido, 46
  Guarnición de maíz, 57
  Jengibre en conserva, 56
  Kimchi, 47
  Pepinillos con ajo y eneldo, 58
  Pimientos rojos en conserva, 52-53
  Remolacha en conserva, 50-51
  Salsa mexicana «pico de gallo» con tomate, 59-60
  Zanahorias con ajo, 48
Vidrio, 36-37, 39, 153
  botellas y tapones, 37-38
  frascos para conservas, 36
  garrafas, 36, 153
vinagre, 15, 20, 25, 29, 31, 115-119
  de champán o cava, 122
  de jerez, 115, 122
  de malta, 122
  de piña, 120
  de sidra, 122
  de vino blanco, 122
  de vino tinto, 121-122
  madres de vinagre, 115-116
  pasteurización, 119
  shrubs, 119
  vinagres como bebida, 118-119
vino, 13, 19, 24-25, 27, 30-31, 33, 35, 37, 115, 117
  Vino de base, 148-149
  vinagres de vino, 115

Y

yodo, 34
yogur, 13, 15-16, 18, 26, 30, 32, 34, 69-71
  Yogur griego, 74

Z

Zanahorias con ajo, 48

Índice de recetas

Arenques en salmuera... 114

Baguettes de masa madre... 99
Berenjena en conserva....54

Bollos de masa madre con suero de mantequilla... 103

Cebollitas en conserva...49
Cerveza de base.... 144
Cerveza de raíz.... 142
Chucrut....45
Chutney de pera...62
Chutney de piña picante...64
Corned beef...106
Crema fresca...72
Cuajo y cuajada... 79
Curtido....46

Dosas (tortitas de lentejas)... 88

Ginger ale.... 128
Gravlax de salmón,... 110
Guarnición de maíz... 57

Hidromiel de moras....140
Hidromiel... 138
Huevos en encurtido de remolacha... 109
Huevos en salmuera... 108

Iniciador de masa madre de centeno o trigo... 93

Jengibre en conserva...56

Kambucha...133
Kéfir...76
Kimchi,... 47
Kvas de remolacha.... 137

limones en conserva... 66

Malta clara.... 147
Malta verde.. 146
Mantequilla y suero de mantequilla cultivados...75
Mermelada de naranja amarga...67
Miso... 86

Pan de masa madre de centeno.... 97
Pepinillos con ajo y eneldo... 58
Pimientos rojos en conserva....52
Probiótico de jengibre para refrescos.... 127

Queso crema y suero de leche...77
Queso fresco (requesón)...78

Refresco de frutas.... 129
Remolacha en conserva...50

Salsa (dip) de legumbres fermentadas... 90
Salsa de pescado fermentado... 112
Salsa mexicana "pico de gallo" con tomate....59
Scoby y té iniciador para kambucha.... 131
Shrub de moras.... 123
Sidra de manzana o de pera...135
Suero de mantequilla cultivado...73

Tempeh... 84
Tofu fermentado...83
Tortitas de masa madre... 101

Vinagre de piña.... 120
Vinagre de vino tinto... 121
Vino de base... 148

Yogur giego...74

Zanahoria con ajo....48

Otros títulos de esta colección:

Dr. Laurent Chevallier

Menos
medicinas,
más
plantas

El poder de la naturaleza
al alcance de todos

edaf

Menos medicinas, más plantas
Dr. Laurent Chevallier

Menos medicinas, más plantas constituye una herramienta imprescindible para estar informados sobre las consecuencias del abuso farmacológico y ofrece todas las claves de un consumo de forma racional para cuidarnos y nutrirnos mejor.

El doctor Laurent Chevallier nos muestra un atlas para llevar a cabo la disminución del consumo de medicamentos. Es el primero en seleccionar las plantas utilizadas por nuestros antepasados, y poner al alcance de todos el poder de la naturaleza en sus distintas formas (cápsulas, tisanas, condimentos, aceites esenciales...).

Siguiendo los consejos prácticos adaptados a cada patología, este libro ofrece la oportunidad de descubrir las virtudes de 140 plantas y degustar las recetas paleo. Aprenderás a consumir menos medicamentos y a recuperar un estilo de vida más saludable y menos tóxico.

Dra. SOPHIE ORTEGA

Desintoxícate
con *Sopas*

100 RECETAS
curativas, antiinflamatorias,
adelgazantes y antiinsomnio

edaf

Desintoxícate con sopas
Dra. Sophie Ortega

La sopa constituye la comida ideal para desintoxicar tu
organismo y favorecer tu salud. Rica en vitaminas, hidratante,
saciante... Solo necesitas una condición importante: elegir
los mejores ingredientes. Y puedes hacerlo todo el año o en
curas de 3 a 7 días.
Siempre encontrarás la receta que necesitas. En esta obra
descubrirás:

- 12 buenas razones para "vestir" tu organismo de verde:
  luchar contra la fatiga y el estreñimiento, fortalecer tus
  huesos, embellecer tu piel...
- Los mejores ingredientes y sus puntos fuertes para mantener
  la línea y la salud: frutas, verduras, hierbas aromáticas...
- 100 recetas sabrosas de temporada, con sus beneficios
  saludables: antioxidantes, diuréticas, adelgazantes,
  vitalizadoras...
- Programas de 3 días a 1 semana, con los menús
  completos

Solo necesitarás de 3 a 7 días para darle lo mejor a tu
cuerpo gracias a las curas con sopas saludables y detox.

«Lea este libro y ponga en práctica el plan de la doctora Myers.
Será algo esencial para cambiar a mejor la evolución de su salud».
—DAVID PERLMUTTER, M. D., autor de **Cerebro de pan**

LA
SOLUCIÓN
AUTOINMUNE

PREVENIR *e* INVERTIR
el ESPECTRO *de* SÍNTOMAS
y ENFERMEDADES
AUTOINMUNES

NEW
YORK TIMES
BESTSELLER

edaf

AMY MYERS, M.D.

La solución autoinmune
Dra. Amy Myers

Un revolucionario programa para curar los síntomas de la inflamación y trastornos autoinmunes, como los siguientes:

Enfermedad de Graves • Psoriasis • Fibromialgia • Lupus • Enfermedad celíaca • Tiroiditis de Hashimoto • Artritis reumatoide • Síndrome de fatiga crónica • Enfermedad de Crohn • Colitis ulcerosa • Esclerosis múltiple • Esclerodermia

«*La solución autoinmune* es un sistema de contrastada eficacia para sanar e invertir la evolución de cualquier enfermedad incluida dentro del espectro de autoinmunidad, adecuado para cualquier persona que padezca síntomas inflamatorios, como síndrome del intestino irritable, alergias, fatiga o dolores articulares, y para quienes son uno de los cincuenta millones de personas que padecen una enfermedad autoinmune manifiesta. Esta obra revoluciona el modo de entender y tratar la autoinmunidad y me siento realmente encantado de poder recomendar su lectura a mis pacientes», por Mark Hyman, M. D., autor de *La solución del azúcar en la sangre. La dieta detox en 10 días*.

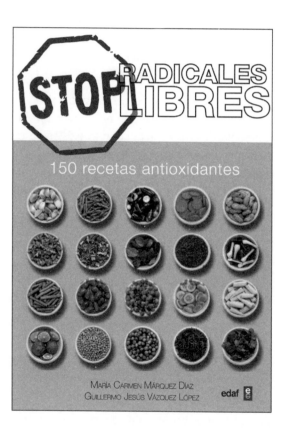

STOP RADICALES LIBRES

150 recetas antioxidantes

María Carmen Márquez Díaz
Guillermo Jesús Vázquez López

edaf

Stop radicales libres
María Carmen Márquez Díaz
Guillermo Jesús Vázquez López

Diagnosticar una enfermedad es importante, pero lo es aún más prevenirla. La prevención de una enfermedad o patología necesita un estilo de vida en que se den varios factores beneficiosos, principalmente la alimentación y la nutrición, libre de radicales libres y oxidantes.

Todos los estudios científicos, sobre todo del ámbito de la biotecnología y la farmacología, coinciden en que los niveles de salud están relacionados directamente con la existencia de radicales libres en el organismo. Esos agentes externos perjudiciales son producidas por contaminantes externos, entre otros, contaminación atmosférica y el humo del tabaco, una dieta inadecuada elevada en grasas, entre otros.

- 150 recetas antioxidantes frente a los radicales libres
- Condiciones del organismo para combatir el estrés oxidativo en la salud
- Pautas para combatir los factores externos que favorecen la proliferación de radicales libres
- Programa antienvejecimiento de la piel a través de una dieta adecuada
- Alimentos que favorecen acción antioxidante para combatir el estrés, las enfermedades.

Por todo ello, y porque somos conscientes de la importancia de la dieta en la proporción de muertes que se producen en el mundo, hemos de buscar alternativas para disminuir tales efectos y llevar acabo pautas en la vida cotidiana y en nuestra alimentación, que, además del valor nutricional, tengan efectos terapéuticos.